# 教養としての簿記

## ゼロから学ぶ簿記理論

監修　須藤芳正
編著　太田佑馬
著　　小林里美
　　　濱田　明

大学教育出版

# はじめに

　複式簿記は、商取引を貨幣価値で写像するための計算システムであり、商業の隆盛と軌を一にして発展してきた。複式簿記（以下、単に簿記と記したときは複式簿記を意味する）は中世イタリアの商人達の商慣行から生まれ、実践と理論が拮抗する形で展開し、今日に至っている。すなわち、複式簿記は商業の申し子であり、人類が生み出した一つの文化でもある。本書のタイトルに「教養」と付したのは、それが所以である。本書は、複式簿記の核となる理論を順序立てて、平易に説明することを企図している。

　簿記実務の現場では、自分が行っている簿記処理が簿記の計算システムの中でどういう位置にあり、どのような意味を持つのか、ということが分からなくなることも起こりうる。分からないまま取引の処理ができたとしても、何か釈然としない気持ちが残る。したがって、簿記を学ぶ際は、まず複式簿記の計算システムの理論的枠組みをしっかりと把握することが重要となる。この視点が持てなければ、複式簿記はいくら学習しても暗記科目となってしまう。とはいえ、簿記は中世イタリアの商人達の商慣行から生成した一つの文化であるため、「なぜ、そういう処理をしたのか」という問いに「そうしたから、こうなっている」という記述をせざるを得ない場合もある。

　日本の簿記教育は、伝統的に実社会ですぐに役立つよう、主に制度会計（法律で定められた簿記）を中心とし、会計実践に焦点を当てた教育がなされてきた。しかし、その結果、多くの人が「簿記は暗記ばかりなので面白くない」といった思いを抱き離脱していく、という状況を生起させているのも事実である。もちろん実社会ですぐに役立つためには実践的教育は必要である。しかし、簿記を学んだ「成果」を十分に活用するためには、簿記理論の理解が不可欠である。

　本書は、複式簿記の理論を短時間で学んでいただくため、理論を思い切って簡素化し、簡単な取引の積み重ねで説明していく。例えば補助記入帳、補助元帳、伝票といった帳簿組織、手形取引、債権・債務等の取引は重要な簿記の実践であるし、簿記の生成過程から鑑みても無視はできないが、簿記理論を端的に説明するために本書では割愛した。

本書は、複式簿記の理論展開を一つのストーリーとして捉えていただくために章立ては行わず、ストーリーのまとまりを「講」として示している。全体のストーリーは分断できないので、便宜的に区切っているだけである。講義を聴くように読み進んでいただきたい。

　読了後、簿記に興味を持っていただき、「ここが疑問だ、もっと他の本も調べてみよう」「なるほど、あの処理はこういう理屈によるものなのか」と思っていただければ、本書の目的は十分に果たされたと思う。本書が簿記を学ぼうとする方にとって、ちょっとした助走となれば執筆者一同、望外の喜びである。

　本書の出版に際して、多大なるご尽力をいただいた（株）大学教育出版に御礼を申し上げるとともに、同社の益々のご発展を祈念させていただきたい。

　2019年9月吉日

執筆者を代表して　須藤芳正

# 教養としての簿記
## ── ゼロから学ぶ簿記理論 ──

# 目　次

はじめに ………………………………………………………………… 1

# 第1講　複式簿記成立のための前提 ……………………………………… 9
　1. 勘定計算　10
　2. 借方・貸方　13
　3. 複式簿記と複式記入　14
　4. 複式簿記の意義　16

# 第2講　複式簿記の前提 ……………………………………………………… 19
　1. 集合勘定　19
　2. 貨幣的評価　22
　3. 受託責任と報告責任　23

# 第3講　複式簿記で作成する計算書 ……………………………………… 25
　1. 財務諸表　25
　2. 貸借対照表　26
　　（1）取引とは　28
　　（2）貸借対照表等式と資本等式　30
　3. 損益計算書　31
　　（1）財産法　31
　　（2）財産法と貸借対照表　32
　　（3）損益法　33
　　（4）損益法と損益計算書　34
　4. 貸借対照表と損益計算書の有機的関連　37

## 第4講 損益計算書の形成過程 …………………………………………………… 39

1. 貸借対照表の書き換えによる損益計算　40
2. 損益計算書の成立　47
3. 資本金勘定の分化　48

## 第5講 売上原価の算定 ………………………………………………………… 55

1. 三分法　55
2. 商品有高帳　58
3. 売上原価の算定方法　59

## 第6講 仕訳と試算表 …………………………………………………………… 63

1. 仕訳　63
2. 試算表　65
3. 決算・決算整理　67
4. 決算整理事項　68
   (1) 減価償却　68
   (2) 貸倒引当金　71
   (3) 経過勘定　72

## 第7講 精算表と総合問題 ……………………………………………………… 77

1. 精算表　77
2. 総合問題　78

第 **8** 講　キャッシュ・フロー計算書 ………………………………………… 85
　　1. キャッシュ・フロー計算書の作成原理　87
　　2. キャッシュ・フロー計算書の作成　90

おわりに …………………………………………………………………………… 93

執筆者紹介 ………………………………………………………………………… 94

教養としての簿記
——ゼロから学ぶ簿記理論——

# 複式簿記成立のための前提

　会社の一番の目的は利益をあげることである。会社の財産が今どのような状態で、年間でどれほど利益がでているか、ということを知ることは会社自身、そして株主、債権者、従業員等の会社を取り巻く利害関係者（ステークホルダー）にとって、今も昔も最も重要な関心事である。

　複式簿記は、会社の活動を貨幣価値で評価し、会社の一定時点の財産の状態（財政状態）と、一定期間の利益もしくは損失の発生理由（経営成績）を計算するためのシステムである。財政状態を示す表を貸借対照表、経営成績を示す表を損益計算書と呼称し、この2表を作成することが、複式簿記のゴールである。この2表は財務諸表と呼称される。

　複式簿記が文献に現れるのは15世紀半ば、商業が栄えていた中世イタリアにおいてである。簿記はある日、誰かが発明したものではない。商人の商慣行から生まれた商取引を貨幣価値によって評価・記録する方法、ルールであり、一つの文化である。そのため、合理的に説明が難しい約束事、前提も存在する。

　商慣行を統一的方法で記録する文化がどのような社会背景のもと形成されたかを知ることは興味深いことではあるが、ここでは簿記の約束事は所与のものとして、理屈抜きで覚えていただきたい。ただ、為政者にとって税の徴収上、統一したルールが必要となったであろうことは推測できる。

# 1. 勘定計算

　複式簿記は、商取引（利益を得るための活動）を貨幣価値で評価し、商売の儲けを計算するシステムであるが、その計算はすべて勘定というものを使って行われる。これを勘定計算という。興味深いのは、勘定計算には「引き算」という概念がなく、すべてが「足し算」で記録される。図表1-1の勘定をT字勘定（以下、単に勘定）という。この勘定の借方と貸方に対照的概念（例えばプラスとマイナス）が集計され、計算が行われる。

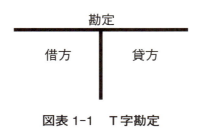

図表1-1　T字勘定

　勘定を用いた計算思考は、日本の文化にはないものである。日本式計算方法と勘定式計算方法の相違を下記の例で説明する。$10 + 2 - 7 + 6 - 9 = □$、という式を解くにあたって、日本の文化では次のような計算方式で計算を行う（図表1-2）。あたかも階段を上から下へと降りるように、上から順に計算をしていく。これを階梯式計算という。ここで私たちは「引き算」という計算を頭の中で行っている。

$$
\begin{array}{rr}
 & 10 \\
+ & 2 \\
- & 7 \\
+ & 6 \\
- & 9 \\
\hline
 & 2 \\
\end{array}
$$

図表1-2　階梯式計算

　では、勘定を使用して、同じ計算を行ってみる（図表1-3）。

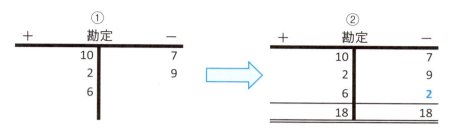

**図表 1-3　勘定式計算**

　まず、勘定の左右には「増」と「減」、「発生」と「消滅」といったような対照的概念の記入がなされる。上図では左側に「増＋」、右側に「減－」が記入されているが、複式簿記では逆の（左－、右＋）勘定記入もなされる。

　勘定には数値のプラスとマイナスがそれぞれ①のように左、右に集められる。次に、勘定の左側と右側の数値をそれぞれ足す。左、プラスの合計は18であり、右、マイナスの合計は16である。プラスの合計の方が多いことが分かる。そこで、②のように右に「いくら足したら左の数値になるか、釣り合うか」、つまり、左右の合計が一致するかと考える。すると、2（16に1を足して17、さらに1を足して18というように）ということが判明する。そこで、右に2を記入して左右の合計を一致させ、一致した証としてその合計額を左右に18と記入する。これで左右が釣り合ったのである。天秤ばかりの原理と同様である。

　階梯式計算の場合、加算減算によって最終値2が算定されるが、勘定式計算では加算のみによって2が算定されるのである。西欧人はこのように16に「いくら足したら」18になって釣り合うか、という計算文化を有している。その文化的土壌から簿記が生まれたのである。どうしてこのような計算思考が生まれたかは不明だが、たしかに西欧人がそのような計算思考を文化として持っているようである。

　実際に筆者が見聞したことを紹介する。30年ほど前、ドイツにEC（EU）の会計制度の統一についての調査のために滞在していたときのことである。筆者は67円（貨幣単位を仮に円とする）の商品を買い、100円の硬貨で支払った。すると店主は100円を左、その品物を右に置き、まず品物の上に1円硬貨を置き「これで68、69、70」、次に10円硬貨を置き「これで80、90、100」というように計算したのである。そして100円をしまい、33円のおつりと品物を渡したのである。日本人だとすぐに100－67＝33と計算できるが、なるほど彼の地の文化ではそう

ではないらしいと得心したしだいである。現代の西欧人は、引き算が苦手かというと、そのようなことはないが、簿記における勘定計算というものがこのような文化を背景としていることを知っておいていただきたい。

## 2. 借方・貸方

　勘定がどのように生成されたかについては諸説ある。かつて、商人は日々の取引を性質の相違（買う、売る、払う、もらう等）にもとづき、ノート（帳面）を上下2段に分けて記帳していた。しかし、だんだんと取引が複雑になるにつれて、それぞれの取引ごとに見開きの帳面を作成し、帳面の右側と左側に、取引の発生と消滅（債権・債務の発生と消滅というように）を対照的に記録するようになった。今の勘定は帳面の上辺と中心線が簡略化されたものである。

　なぜ、勘定の左側を借方、右側を貸方と呼称するのだろう。当時の商人にとっては現金、債権・債務の管理が重要であった。その際、債権・債務の相手の名前をつけた帳面（人名勘定）を用意し、例えばAに対する債権が100発生した場合、Aの帳面の左側に、Aの側に立ち「Aは私に100借りている」と記入したのである。Bに債務がある場合は、債権の記入とは対照的にBの帳面の右側に「Bは私に100貸している」と記入したのである。人名勘定の「借りている」「貸している」が今に残り、左側を借方、右側を貸方というのである。しかし、今は意味がない記号としてのみ、当時の名残をとどめている。

## 3. 複式簿記と複式記入

　複式簿記と複式記入について説明するために、債権が発生した例を考えてみる。Aが現金100をBに貸したとする。商人は現金の収支に関する取引は重要なので、AはBという人名勘定の借方に100と記入するとともに、現金勘定の貸方へと図表1-4のように100と記入したのである。

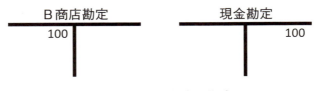

図表1-4　債権発生時の複式記入

　1つの取引につき、同じ金額を2回書くことを複式記入といい、すべての取引を関連した2つ以上の勘定へと同額対照記入する簿記を複式簿記という。現金、債権・債務の複式簿記による記帳方法は、やがてすべての取引の勘定記入へと広がりをみせ、現在に至っている。

　なぜ人名勘定において相手の側に立って記帳したのか、なぜ債権の増加を帳面の借方に記入したのか、といった疑問は残る。しかし、いささか乱暴だが、当時の慣行がこうだったのでこうなった、と記すのみである。

## 複式簿記の生成について（諸説のうちの一つ）

　当時は信用経済（債権・債務取引の増加）が飛躍的に発達し、また多種の通貨が商業では飛び交っていたため、商業者は銀行口座を開設し、代金の決済をしていた。簡単な例で示すと、Aの銀行口座にBに対する債権100が振り込まれた場合、銀行では図表1-5のように記録がなされた。つまり同額の数値が借方と貸方に記入されたのである。この記入方法がすべての商取引に浸透し、複式簿記が生成された。

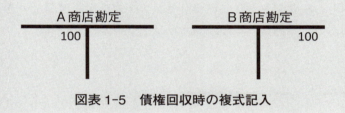

図表1-5　債権回収時の複式記入

## 4. 複式簿記の意義

　複式簿記とは、取引が発生した際に、関連のある「勘定の借方と、他の勘定の貸方に同額を記入」することである。複式簿記によってすべて取引の数値が関係のある勘定へと記入され、そして、会計期間の終わり（期末）に勘定の数値が集計され、その会計期間の経営成績（どのようにして儲けたか）や、その時点の財政状態を示す表が作成される。このように、個々の取引が簿記理論によって有機的に関連付けられた勘定へと、複式記入されていく計算システムを複式簿記という。

　複式記入のいくつかのパターンを図表1-6 に示す。

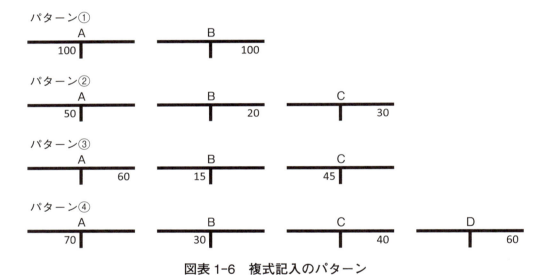

図表1-6　複式記入のパターン

　複式簿記では、取引が発生したとき、その取引に関係する勘定の借方と貸方へ同額記入される。これを貸借平均の原理という。すべての取引は複式記入によって勘定へと記録されるので、ある時点ですべての勘定の借方と貸方を合計すれば、その合計額は必ず一致する。一致しない場合はどこかで誤った記入がなされていることとなる。すなわち、複式簿記は勘定記入の正否を検証する自己検証機能を有した計算システムなのである。

　すべての取引は原因と結果という2つの側面から借方、貸方記入がなされると

いう見方ができる。それらの取引は最終的に統合され、貸借対照表、損益計算書が作成されることとなる。これが複式簿記の原理なのである。原因と結果という例を現金・預金が動く取引を例にして示す。

- 給料を現金で支給した（原因）⇒ 現金が減った（結果）
- 銀行から借金した（原因）⇒ 預金が増えた（結果）
- 機械を現金で買った（原因）⇒ 現金が減った（結果）

複式簿記に対して、単式簿記という簿記がある。単式簿記を一義的に定義するのは難しいが、簡潔に述べれば、取引が発生したときに、その数値を一つの帳面にしか記入しない方式といえる。単式簿記は、客観的検証可能性を担保することが難しい。

簡単な例をあげると、母親が子供にお小遣い1,000円を渡し、家計簿へ記入したとする。子供はどこにも記録していない。あとで子供が「お母さん、お小遣いちょうだい」、母親「この間あげたばかりでしょ。家計簿にきちんとつけてあるわよ」、子供「いやもらっていない、お母さんはあげたつもりで家計簿につけたんじゃないの」、というように検証のしようがない問題が起こりうる。これが単式簿記である。この問題を解決する方法は、子供にも家計簿と同様に、小遣い帳を作るというルールを決めておくことである。すると、お小遣いをあげたときは家計簿の支出欄に1,000円、小遣い帳の収入欄に1,000円と記入されることとなり、間違いが生じない。これが複式簿記である。

## ウイルヘルム・マイスターの修業時代

　文豪ゲーテの『ウイルヘルム・マイスターの修業時代』の中で、主人公の友人が簿記についてこのように話す場面がある。

> 真の商人の精神ほど広い精神、広くなくてはならない精神をぼくはほかに知らないね、商売をやっていくのに、広い視野を与えてくれるのは複式簿記による整理だ。整理されていればいつでも全体が見渡される。細かしいことでまごまごする必要はなくなる。複式簿記が商人にあたえてくれる利益は計り知れないほどだ。人間の精神が産んだ最高の発明の一つ（Es ist eine sh?nsten Erfindungen des menschlichen Geistes）だね。立派な経営者は誰でも経営に複式簿記を取り入れるべきなんだ（山崎章甫訳、岩波文庫）。

　経済学がマクロの金を対象としているのに対し、簿記が対象としているのは個々の会社の具体的な金である。かつて、金の計算を考える学問（金儲け学）は学問性に欠けるといった非難もあった。しかし、簿記は800年以上の歴史を有し、会社の経済活動を正確に写像することで、国民経済の発展に寄与してきた。今日では、簿記を社会科学の一領域としての学問であることを疑う者はいない。また、企業の国際化にともない、各国での簿記理論の統一が図られ、簿記は優れたビジネス・ランゲージ（Business Language）として認識されている。

# 複式簿記の前提

## 1. 集合勘定

　複式簿記において、すべての取引は、その取引を示す最小の単位の勘定に分解して記入される。そして、ある会計期間の会社の活動の結果を示す表を作成することとなる。その際、個々の勘定の残高は、さらに概念の大きな勘定へと移されることとなる。このように各勘定が集められた勘定を集合勘定という。

　集合勘定の成立をもって、複式簿記が完成したということもできる。これに対し、一つの取引に関係する勘定は、その取引の終了をもって勘定残高を集計し、利益を計算する口別損益計算という方法がかつてあった。しかし、やがて口別損益計算から、すべての勘定を会計期間で区切って計算し、会計期間における利益を計算するという期間損益計算の必要性が生まれ、今日に至っている。

　集合勘定も個々の勘定も概念の大小はあれ、同じ性質のものであるから、個別勘定の借方、貸方の残高が集合勘定の反対に記入されることはない。個別勘定の残高を集合勘定へ移す場合の記入を図表 2-1 に示す。個別勘定の残高を集合勘定へ移すことを振替記入という。

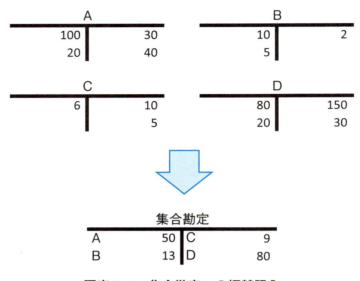

**図表 2-1　集合勘定への振替記入**

　図表2-1によって、それぞれの勘定残高が集合勘定へ振替られたこととなる。集合勘定の金額の前には、その金額がどこの勘定から振替られたかを示すために、金額の前に元となった勘定名を記入する。しかし、複式簿記では上記の状態のままでは、例えばAの勘定残高を集合勘定に振替たことにならない。つまり、Aという勘定も集合勘定も概念の大小はあるが内容は同じものである。そこで、個々の勘定残高を集合勘定へ振替たら、個別の勘定残高は0としなければならない。

　では、0とするためにはどうするのか。個別勘定の記録を消してしまっては、取引の記録が残らない。そこで、その勘定残高を集合勘定へと振替たら、その勘定の借方、貸方が一致するように借方か貸方に振替えた金額を記入する。すると、借方と貸方は同額となり、つまり、プラスマイナス0となる。そして、勘定を0としたら、この勘定残高を集合勘定へと振替える（数字の前に集合勘定の名前を記入する）とともに、個々の勘定の下に借方、貸方の合計額を記入する。当然、同額となる。この処理を勘定の締切りという。本書では、簿記理論の説明を簡略に説明する都合上、勘定の締切りを省略して示す場合もある。

　個々の勘定の残高を集合勘定へと振替、個別勘定を締切る手続きを図表2-2に示す。

|          A          |          |          B          |          |
|:---:|:---:|:---:|:---:|
| 100 | 30 | 10 | 2 |
| 20 | 40 | 5  集合 | 13 |
| 集合 | **50** | 15 | 15 |
| 120 | 120 | | |

|          C          |          |          D          |          |
|:---:|:---:|:---:|:---:|
| | 6 | 80 | 150 |
| 集合 **9** | 10 | 20 | 30 |
| | 5 | 集合 **80** | |
| 15 | 15 | 180 | 180 |

⬇

| 集合勘定 | | | |
|:---:|:---:|:---:|:---:|
| A | 50 | C | 9 |
| B | 13 | D | 80 |

**図表 2-2　集合勘定への振替記入および個別勘定の締切**

## 2. 貨幣的評価

　簿記の計算の対象は、貨幣的に評価が可能な会社の活動である。つまり、会社の活動は、複式簿記によって最終的に貨幣という共通の計算尺度で表されることとなる。その結果、利益が算定されることにより、会社の業績が評価されるのである。

　会社は商品を売買したり、従業員に給料を払ったり、銀行から金を借りたり返したり、光熱費を払ったり、警備会社に警備を頼んだり、といったような財やサービスの授受を行っている。その中で、貨幣的に評価可能な事象だけが複式簿記の計算対象となる。火災で倉庫や商品を焼失した。これは倉庫も商品も貨幣的に評価できるので、複式簿記の計算対象となる。車を買う契約書にサインをした。これはまだ車という財を受け取っていないし、代金も支払っていないので何の評価もできない。したがって、計算対象とはならない。

　また、会社には、従業員、経営者、株主、銀行、得意先、顧客など、多くの人や組織が係っているため、会社活動の計算に作為（不正）があってはならない。例えば、銀行から融資を受けるために、業績を良く見せかけるような嘘の計算書を作った場合、粉飾決算という犯罪となる。

## 3. 受託責任と報告責任

そもそも会計計算を複式簿記という共通の計算方法を用いて、なぜ行わなければならないのであろうか。

複式簿記が強制的に適応される会社のほとんどは株式会社であり、この制度の下では、会社の出資者（株主）と経営者（社長、役員）が法的に分離され、出資者はその出資した割合に応じて利益の分配を受ける。つまり、会社は株主から調達した財貨によって設立され、その経営は専門経営者が行っているのである。両者が同一人物である場合もあるが、会計計算上は別人格として捉える。

経営者は、出資者から提供された財貨を損なうことのないように会社を経営する責任がある。これを受託責任という。それとともに、定期的に経営活動を株主や債権者に報告する責任がある。これを報告責任といい、両者を合わせて会計責任（accountability）という。

上記に述べたことから、会社は会計期間を人為的に区切り、複式簿記によって適正な期間損益を算定し、株主に利益の分配を行い、また、税を納付しなければならない。原則として会社の会計期間は1年である。何月から何月までを1年とするかは、会社ごとに自由に決めることができる。4月1日から3月31日、10月1日から9月30日を1年としている会社が多いようである。個人の場合、暦年（1月1日から12月31日）が会計期間となる。もちろん利益ではなく損失がでる場合もある。利益と損失を併せて損益という。会計期間の初めのことを期首、終わりを期末と呼称する。

複式簿記理論は、会社の経営者と所有者とは異なることを前提として構築されている。会社は多額の資産を有し、日々の経営活動を行っている。大会社の膨大な資産を個人で拠出することは不可能であり、一つの会社の資産は多くの株主と第三者（取引先、銀行など）から調達されているのである。つまり、会社は株主や第三者から資産を調達し、活動しているため、信用を損なわないように経営を行わなければならない。もし、信用が失墜するようなことになれば、会社の経営は立ち行かなくなる。

### 継続企業の前提

　今日の複式簿記は、継続企業の前提（ゴーイング・コンサーン）のうえに成立している。つまり、会社は将来にわたって存続するという前提で会計計算を行うのである。しかし、実際には会社の倒産は珍しくはないが、その場合においても、会社が活動を続けている期間は継続するという前提で会計計算を行う。

# 第3講 複式簿記で作成する計算書

## 1. 財務諸表

　複式簿記の最終目的は、会社のある時点での財政状態（財産の状態）を明らかにする貸借対照表と、会計期間における経営成績（利益・損失の発生原因）を明らかにする損益計算書を作成することにある。両者ともに集合勘定である。

　このように、会社の一会計期間の経営活動の結果を貨幣的に写像して、会社の利害関係者に示す表を財務諸表（Financial Statements）という。本講では、聞き慣れない用語も多数でてくるが、財務諸表の基本構造を理解するうえで重要な用語であるため、しっかりと覚えていただきたい。

## 2. 貸借対照表

貸借対照表（B/S：Balance Sheet）とは、会社の一定時点の財政状態を示す財務表であり、その構造は資産（借方）、負債・資本（貸方）から成り立っている（図表3-1）。貸借対照表は資産、負債、資本の集合勘定である。

資本は、2006年の会社法の改正により、純資産と称するようになったが、資本という呼称の方が理解しやすいのと、実質的に純資産と資本は同様であるため、本書では資本と呼称する。

貸借対照表
〇年〇月〇日

| 資産 | | 負債 | |
|---|---|---|---|
| 現金 | ××× | 買掛金 | ××× |
| 売掛金 | ××× | 借入金 | ××× |
| 商品 | ××× | 前受収益 | ××× |
| 貸付金 | ××× | | |
| 前払費用 | ××× | 純資産 | |
| 備品 | ××× | 資本金 | ××× |
| 建物 | ××× | 利益 | ××× |
| 土地 | ××× | | |
| 資産 合計 | ××× | 負債・純資産 合計 | ××× |

（左）資金の運用形態　（右）資金の調達源泉

**図表3-1　貸借対照表の様式**

貸借対照表は、ある時点での会社の資金の調達源泉と資金の運用形態の関係を示している。資金の調達源泉を説明しているのが貸方の負債・資本であり、資金の運用形態を説明しているのが借方の資産である。

資産、負債、資本の勘定は、それぞれ小項目に分解されて記録され、それらの項目を勘定科目という（現金、売掛金、建物、買掛金、借入金、資本金など）。以下に、資産、負債、資本を簡単に説明する。

[資産]

会社の活動の原動力となる財貨（モノやカネ）、債権などである。資産なくして会社は成り立たない。会社は資産を費消し、さらに大きな資産を得ることによって利益を生み出している。

[負債]

第三者から調達した（借りた）資産の内訳であり、将来、現金で返済しなくてはならない債務である。

[資本]

株主の出資により調達された資産の内訳であり、会社の所有者は株主であるため、会社が存続する限り返済の義務はないが、利益の分配は会社が続く限り行わなければならない。

　資本金は株主によって出資を受けた資産（現金や現物）であり、利益は会社が資産を運用することによって得た資産の増殖部分、つまり資本金の増加部分であり、配当や課税の対象となるものである。

　資産、負債、資本は実在勘定と呼ばれている。実在勘定とは、会社に存在する実際の価値の総称、換言すれば、その勘定にカネ、モノ、人（債権者、債務者、株主）が存在する勘定であり、実際の貨幣価値で測定できる勘定である。ただし、今日の簿記では、実体の無い会計理論上の資産・負債（計算擬制資産・負債）が発生する。

　現時点で、家の財産の状態を考えるとしよう。まず、現金・預金、売却可能な家具や車、家や土地（資産）から、教育ローンや住宅ローンなどの債務（負債）を差し引いた金額が手元に残る純資産（資本）ということになる。

### 日本での複式簿記事始め

　簿記で使用される専門用語の日本での語源について少し述べておく。複式簿記を初めて日本に紹介したのは、慶應義塾大学創立者の福沢諭吉である。福沢は、アメリカの商業学校の教科書を翻訳し、1873年に『帳合之法 初編』（略式：単式簿記）、1874年に『帳合之法 二編』（本式：複式簿記）を出版した。『帳合之法 二編』の総論において「略式の帳合を以て勘定を爲すも尚これを法と名く。然ば則ち本式の帳合は學問に非らずして何ぞや。眞にこれを學問と名く可きなり」と簿記の学問性について確言している。

## （1）取引とは

　これまで、取引という用語を漠然と使用してきたが、ここで簿記における取引を定義しておく。簿記では資産、負債、資本に変動を与える事象を取引といい、このような事象のみが簿記の記録の対象となる。したがって、モノを買う契約をした場合、一般的には取引と呼称するが、簿記上は貸借対照表の勘定科目に影響を与えないので、取引には該当しない。モノを実際に受け取ったとき、ないしは代金を支払ったとき、初めて簿記上の取引として認識されることとなる。逆に、火災で倉庫や商品が消失した場合、通常、これを取引とはいわないが、火災によって資産が無くなったので、簿記上は取引として認識される。

　図表3-2に、資産、負債、資本の主な勘定科目を示す。

### 図表3-2 資産、負債、資本の主な勘定科目

[資産]

| | |
|---|---|
| 現　　　　　金 | 現金は支払手段として直接利用できる資産である。簿記上、現金として取り扱われるものには、紙幣や硬貨等の通貨のほか、他人振出小切手、郵便為替証書などがある。 |
| 預　　　　　金 | 普通預金、定期預金、当座預金など、預金の種類別に別勘定として処理する。 |
| 売　　掛　　金 | 商品の販売代金の未収入金を処理する。 |
| 未　　収　　金 | 商品の販売代金以外の未収入金を処理する。 |
| 器　具・備　品 | 会社が所有している器具備品等で、耐用年数が1年以上のモノ。 |
| 建　　　　　物 | 社屋、倉庫等の取得、償却、除却等を扱う。 |
| 車　両　運　搬　具 | 乗用車、トラック等の取得、償却、除却等を扱う。 |
| 土　　　　　地 | 土地の取得、造成等を扱う。 |

[負債]

| | |
|---|---|
| 買　　掛　　金 | 商品の購入代金の未払金を処理する。 |
| 未　　払　　金 | 商品の購入代金以外の未払金を処理する。 |
| 短　期　借　入　金 | 返済期限が1年以内に到来する短期負債の借入、返済を処理する。 |
| 長　期　借　入　金 | 返済期限が1年以上の長期負債の借入、返済を処理する。 |

[純資産（資本）]

| | |
|---|---|
| 資　　本　　金 | 創業時に確定した資本金およびその後の増減を処理する。 |
| 利　　　　　益 | 一会計期間に獲得したプラスの成果を意味し、前年度からの繰越しがある場合は、それを加えて繰越利益として計上する。 |

### 純資産（資本）の部

実際の会社を例にとると、純資産（資本）の部は図表3-3のように表示される。一見すると複雑そうだが、太字で示している部分が「資本金」と「利益」である。株主からの追加出資による資本金の増加、資本金自体を減少させる取引のことを資本取引といい、資本取引が行われた場合、純資産（資本）の部に属する勘定科目の勘定残高が変動する。

| | |
|---|---|
| **資本金** | ××× |
| 資本剰余金 | ××× |
| 　資本準備金 | ××× |
| 利益剰余金 | ××× |
| 　利益準備金 | ××× |
| 　**繰越利益剰余金** | ××× |
| 自己株式 | △××× |
| 評価・換算差額等 | ××× |
| 新株予約権 | ××× |
| 純資産合計 | ××× |

図表3-3　純資産（資本）の部

### (2) 貸借対照表等式と資本等式

貸借対照表の構造は、次のような計算式で表すことができる。

① 資産＝負債＋資本（貸借対照表等式）

② 資本＝資産－負債（資本等式）

①②式は、一見すると単に式を移項しただけのように思えるが、①式が資産、つまり会社そのものに焦点が当てられているのに対し、②式は会社の資本、資本主に焦点が当てられているのである。①式は会社が主体（企業主体論）となっており、②は資本主が主体（資本主理論）となっているのである。この二つの等式は、簿記がどちらの立場から行われるべきか、ということを意味している。簿記が継続企業を前提としている以上、現代の簿記は①式を基礎としている。しかし、簿記史的にみれば、簿記は資本の増加（利益）をいかにして適正に算定するのか、といったところから出発しているため、本書では①②式を併用して簿記理論を説明する。

# 3. 損益計算書

　会社が継続して事業を行うためには、社会からの信用を得なければならない。すなわち、株主に対して利益の配当を行う、仕入先に期日までに代金を支払う、給料や税金などを遅滞なく支払うなど、これらのことが履行されない場合、会社は信用を失い、やがて倒産という事態に陥るかもしれない。会社の信用を支えている基盤、原資となっているのは利益である。

　会社の使命は、利益をあげ続けることであり、それこそが会社を存続・成長させるための条件である。儲けるために商売をする、これが会社の原点である。会社がどのようにして利益を生み出したのか、それを示す財務表が損益計算書（P/L：Profit and Loss Statement）である。では、利益とは具体的に何を指すのだろうか。利益は、人為的に区切られた会計期間の初め（期首）の資本と、終わり（期末）の資本との比較で算出される。簡潔にいえば、資本とは元手のことであり、商売の結果、元手が増えればそれが儲け、利益ということであり、元手が減れば損失が生じたこととなる。一般に利益といえば儲けを意味し、それは間違いではない。しかし、儲けには現金のニュアンスがあるが、簿記上の利益は必ずしも現金に裏付けられない。

　以下、貸借対照表を使用して利益を計算する方法（財産法）と、損益計算書によって利益を計算する方法（損益法）および両者の関連について説明する。

## （1）財産法

　財産法とは、貸借対照表の期首の資産と負債の差額と、期末の資産と負債の差額を比較して利益を算出する方法である。資産は現金・預金、売却可能なモノや債権である。負債は第三者に対する債務であり、いずれ現金で返済しなくてはならない。つまり資産から負債を差し引いた資産の残余部分が会社の資本であり、資本のうち経営活動による増加部分が利益である。なお、損失はマイナス利益として考える。

　資本等式による利益算出方式は次のとおりである。期首は会計期間の初め、期末は会計期間の終わりを意味する。

- 資本＝資産－負債
- 期末資本－期首資本＝（期末資産－期首資産）－（期末負債－期首負債）＝利益
- 利益＝（期末資産－期末負債）－（期首資産－期首負債）

例えば、期首貸借対照表が資産100、負債60、資本40であったとする。会計期間中、種々の取引を行った結果、期末貸借対照表が資産120、負債50、資本70となった。この会計期間中の利益は次のように算出される。

- （期末資産120－期末負債50）－（期首資産100－期首負債60）
 ＝期末資本70－資本金40＝利益30
 ※ 利益を明瞭に表示するため、期首資本を資本金とし、期末資本を資本金に利益を加えたものとしている。

### (2) 財産法と貸借対照表

期首貸借対照表が次のとおりだったとする。

貸借対照表

| | | | |
|---|---|---|---|
| 現金 | 50 | 借入金 | 50 |
| 商品 | 50 | 資本金 | 50 |
| | 100 | | 100 |

損益とは、経営活動による資本の増減のことである。原価10の商品を20で現金販売したとする。商品という資産が10減り、現金という資産が20増える。つまり、この取引によって資産は10増える。この増えた部分は第三者から借りたものではないので、資本金が増えたこととなり、その部分が利益となるのである。この時点で貸借対照表を作成すると次のようになる。

|貸借対照表||||
|---|---|---|---|
|現金|70|借入金|50|
|商品|40|資本金|50|
|||利益|10|
||110||110|

2つの時点の貸借対照表を比較することによって、利益を求める方法が財産法である。財産法では会社が商売をした結果、経営努力によっていくら利益を獲得したかを把握することはできるが、取引数が複数ある場合、どのような経営活動によって利益が生み出されたかを把握することができないという欠点がある。

### (3) 損益法

図表3-4に描かれているタンクは上から水を入れ、下から水を抜く構造になっている。期首はタンクに水が40ℓ入っていた。期中に水を出し入れし、期末に残っている水を調べたら60ℓであった。期中に何ℓの水が増えたかは、期末の60ℓから期首の40ℓを引けば、20ℓとすぐに分かる。水を資本に置き換えると、期末資本60－期首資本40＝利益20ということになる。この計算は記録無しでも可能である。この方法は財産法による利益計算である。

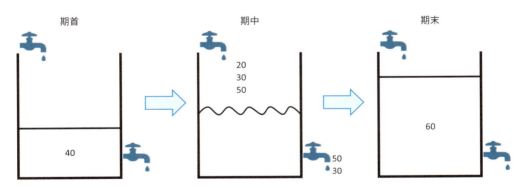

図表3-4　損益法による利益計算

期中に水が20ℓ増えた理由を知るためには、いつ、どれだけの水を出し入れしたかという記録が必要である。図表3-4をみると、それは期中のタンクの水の出し入れの記録をみると分かる。記録によれば、期中に合計100ℓの水を入れ、80ℓ

の水を抜いている。したがって、流入 100 − 流出 80 = 20 となり、期末には 20ℓ の水が増加しているのである。このように、記録から利益を算定する方法を損益法といい、それを表示する財務表が損益計算書なのである。利益・損失を併せて損益と称する。

財産法が「水」という実在勘定を示すのに対し、損益法は「出し入れした水」というように実在勘定の内訳を示す。このことから、損益計算書に表示される勘定科目は名目（内訳）勘定と称される。例えば、給料として現金 20 を支払った場合、現金（実在勘定）が減少し、給料（名目勘定）が増加する。

### (4) 損益法と損益計算書

損益計算書とは、会社の一会計期間の経営成績を示す財務表であり、その構造は費用（借方）、収益（貸方）、利益・損失（借方・貸方）から成り立っている（図表3-5）。損益計算書は、費用、収益、利益・損失の集合勘定である。貸借対照表の数値がある時点の数値であるのに対し、損益計算書の数値は一会計期間の記録の集積となっている。

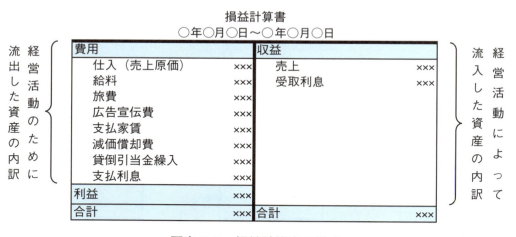

図表 3-5　損益計算書の様式

損益計算書の費用は経営活動のために流出した資産の内訳、収益は経営活動によって流入した資産の内訳を表している。貸借対照表と同様に費用、収益の勘定は、それぞれ小項目に分解されて記録される。図表3-6に、収益、費用の主な勘

定科目を示す。

**図表 3-6 収益、費用の主な勘定科目**

[収益]

| 売　　　　　　上 | 会社の本業から得た商品、サービスの販売額 |
|---|---|
| 受　取　利　息 | 預貯金の利息 |

[費用]

| 仕入（売上原価） | 売り上げた商品の原価 |
|---|---|
| 役　員　報　酬 | 役員への報酬（給与） |
| 給　　　　　　料 | 従業員への給与 |
| 賞　　　　　　与 | 従業員への賞与（ボーナス） |
| 福　利　厚　生　費 | 従業員への慶弔見舞金、忘年会費用など |
| 通　　信　　費 | 電話やインターネットの通信料など |
| 水　道　光　熱　費 | 電気、ガス、水道の使用料など |
| 租　税　公　課 | 固定資産税や印紙税などの法人税等以外の税金 |
| 旅　費　交　通　費 | 電車代や宿泊費など |
| 支　払　家　賃 | 店舗・事務所などの家賃 |
| 管　理　諸　費 | 税理士等への報酬、事務所の警備料など |
| 修　　繕　　費 | 故障した固定資産の原状回復費用 |
| 接　待　交　際　費 | 取引先等への慶弔見舞金や食事代など |
| 減　価　償　却　費 | 固定資産の減価償却額 |
| 貸　倒　引　当　繰　入 | 売掛金などの債権に対する回収不能見込額 |
| 支　払　利　息 | 借入金などに対して支払う利息 |
| 法　人　税　等 | 法人税、法人住民税、法人事業税 |

## 現金主義、発生主義、実現主義

　複式簿記において、いつ収益・費用に関わる取引を認識するのか、という問題について触れておく。

　現金の受け払い（収支）という事実をもって収益・費用を認識する方法を現金主義という。

　会社は会計期間を1年という期間に区切って利益を計算する。その期間の会社の利益は、経営活動における収益と費用の差額で計算される。その成果と犠牲が現金の収支を伴わなくても、取引が発生したという事実にもとづいて取引を認識する方法を発生主義という。発生主義は、今日の複式簿記計算の重要な前提条件である。

　なお、収益に関する取引については、利益の実現という観点から慎重を期する必要があるため、対価の受取りが確定した時点で認識する。これを実現主義という。

　以上、複式簿記の前提について述べてきた。これらが複式簿記の所与の約束事である。

## 4. 貸借対照表と損益計算書の有機的関連

　貸借対照表と損益計算書の関係について、そのイメージを簡単に示すと、図表3-7のようになる。期首に商品が20あり、その商品のうち10を20で現金販売したとする。貸借対照表は、商品という資産が10減って、現金という資産が20増えた、それは負債によって増えたわけではなく、会社の経営活動による増加であり、それは資本金の増加、すなわち利益である。この利益が生み出された理由が損益計算書に原価10の商品を20で売った、というように表示されている。このように、貸借対照表と損益計算書は有機的に結びついているのである。

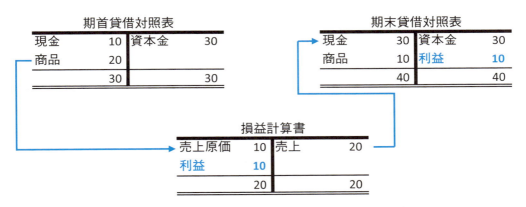

図表3-7　貸借対照表と損益計算書の有機的関連

　また、貸借対照表と損益計算書の両者に表示される利益は必ず一致する。一致しない場合、いずれかの財務表に間違いがあることを意味する。これは複式簿記の自己検証機能が働いているためである。

【設問】
　A～Eは設立初年度の会社である。次の（　）に数値を入れ、表を完成させなさい。

|  |  | A | B | C | D | E |
|---|---|---|---|---|---|---|
| 期首 | 資産 | 200 | 460 | (　) | 910 | (　) |
|  | 負債 | 150 | (　) | 590 | 110 | 320 |
|  | 資本 | (　) | 80 | (　) | (　) | (　) |
| 期末 | 資産 | 240 | (　) | 760 | (　) | (　) |
|  | 負債 | 130 | 290 | (　) | 100 | 290 |
|  | 資本 | (　) | 130 | 280 | 760 | △20 |
|  | 収益 | 700 | 850 | (　) | 680 | (　) |
|  | 費用 | 640 | (　) | 720 | (　) | 840 |
|  | 利益 | (　) | (　) | 130 | (　) | △90 |

［解答］

|  |  | A | B | C | D | E |
|---|---|---|---|---|---|---|
| 期首 | 資産 | 200 | 460 | **740** | 910 | **390** |
|  | 負債 | 150 | **380** | 590 | 110 | 320 |
|  | 資本 | **50** | 80 | **150** | **800** | **70** |
| 期末 | 資産 | 240 | **420** | 760 | **860** | **270** |
|  | 負債 | 130 | 290 | **480** | 100 | 290 |
|  | 資本 | **110** | 130 | 280 | 760 | △20 |
|  | 収益 | 700 | 850 | **850** | 680 | **750** |
|  | 費用 | 640 | **800** | 720 | **720** | 840 |
|  | 利益 | **60** | **50** | 130 | **△40** | △90 |

　この設問は、大抵の簿記書に登場する。実在勘定の集合勘定である貸借対照表と、名目勘定の集合勘定である損益計算書が利益を媒介として結び付いていることを理解していただきたい。

　Dの状態を資本欠損という。仮に会社を清算しても元手の全額を株主に戻せない。Eの状態を債務超過といい、会社を清算した場合、元手を株主に戻せないどころか借金も返済できない。実質倒産に至るケースがほとんどである。

# 損益計算書の形成過程

　本講では、損益計算書と貸借対照表の関係から、損益計算書の形成過程について説明する。損益計算書の説明にはいくつかの方式があるが、本書では損益計算書は資本金勘定から分化したものとして説明する。

## 1. 貸借対照表の書き換えによる損益計算

複式簿記の一連の手続きを図表 4-1 に示す。このような手続きで複式簿記が行われるということを認識しておいていただきたい。

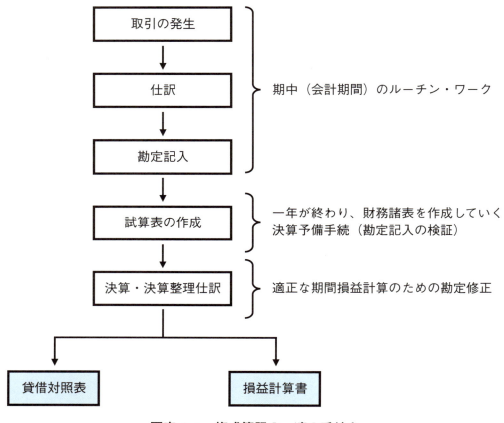

図表 4-1　複式簿記の一連の手続き

決算の流れを少し詳しく示すと次のようになる。

　　試算表の作成 → （棚卸表の作成）→ 決算整理仕訳 → 勘定の修正
　→ （決算振替仕訳）→ 勘定の締切り → （損益勘定）→ （繰越試算表）
　→ 精算表 → 貸借対照表と損益計算書の作成

という流れになるが、カッコ内は本書では扱っていない。その理由は、これらの手

続きは簿記の正確性（客観的検証可能性）を担保するものであり、本書の内容を理解していれば容易に理解できるものだからである。

以下に、貸借対照表を書き換えることによって、会計期間の損益を求める方法を示す。なお、#は取引の順番を示している。


［例1］
　　#1．Aは株主より現金10の出資を受けA社を設立した。
　　#2．Bより種々の商品を6で仕入れ、代金は現金で払った。
　　#3．商品（原価4）を7で販売し、代金は現金で受け取った。

以上でこの会計期間の取引は終わった。Aは、この会計期間の損益と期末の財政状態を示すため、取引の都度、貸借対照表を書き換えた。

＃1．貸借対照表

| 現金 | 10 | 資本金 | 10 |
|---|---|---|---|

＃2．貸借対照表

| 現金 | 4 | 資本金 | 10 |
|---|---|---|---|
| 商品 | 6 | | |
| | 10 | | 10 |

＃3．貸借対照表

| 現金 | 11 | 資本金 | 10 |
|---|---|---|---|
| 商品 | 2 | 利益 | 3 |
| | 13 | | 13 |

例1の#2と#3は、複式簿記による記入となっていない。複式簿記の計算システムを説明する都合上、示している。

上記のように、貸借対照表をいちいち書き換えることは実際には困難であり、また、貸借対照表の書き換え方式ではどのように利益が生み出されたかが把握できない。

次に、継続している会社を例にとって、貸借対照表の書き換えを行う。

[例2]

期首貸借対照表は次のとおりである。

期首貸借対照表

| 現金 | 90 | 買掛金 | 50 |
|---|---|---|---|
| 売掛金 | 50 | 借入金 | 250 |
| 商品 | 60 | 資本金 | 100 |
| 建物 | 200 | | |
| | 400 | | 400 |

#1. A会社は銀行より60の借入を行った。

#2. 商品（原価20）を35で掛け売りした。

#3. 買掛金30と借入金50を現金で返済した。

#4. 売掛金50を現金で回収した。

#5. 給料10を現金で支払った。

#6. 商品（原価30）を50で現金販売した。

| ＃1．貸借対照表 | | | |
|---|---:|---|---:|
| 現金 | 150 | 買掛金 | 50 |
| 売掛金 | 50 | 借入金 | 310 |
| 商品 | 60 | 資本金 | 100 |
| 建物 | 200 | | |
| | 460 | | 460 |

| ＃4．貸借対照表 | | | |
|---|---:|---|---:|
| 現金 | 120 | 買掛金 | 20 |
| 売掛金 | 35 | 借入金 | 260 |
| 商品 | 40 | 資本金 | 100 |
| 建物 | 200 | 利益 | 15 |
| | 395 | | 395 |

| ＃2．貸借対照表 | | | |
|---|---:|---|---:|
| 現金 | 150 | 買掛金 | 50 |
| 売掛金 | 85 | 借入金 | 310 |
| 商品 | 40 | 資本金 | 100 |
| 建物 | 200 | 利益 | 15 |
| | 475 | | 475 |

| ＃5．貸借対照表 | | | |
|---|---:|---|---:|
| 現金 | 110 | 買掛金 | 20 |
| 売掛金 | 35 | 借入金 | 260 |
| 商品 | 40 | 資本金 | 100 |
| 建物 | 200 | 利益 | 5 |
| | 385 | | 385 |

| ＃3．貸借対照表 | | | |
|---|---:|---|---:|
| 現金 | 70 | 買掛金 | 20 |
| 売掛金 | 85 | 借入金 | 260 |
| 商品 | 40 | 資本金 | 100 |
| 建物 | 200 | 利益 | 15 |
| | 395 | | 395 |

| 期末貸借対照表 | | | |
|---|---:|---|---:|
| 現金 | 160 | 買掛金 | 20 |
| 売掛金 | 35 | 借入金 | 260 |
| 商品 | 10 | 資本金 | 100 |
| 建物 | 200 | 利益 | 25 |
| | 405 | | 405 |

　このように、貸借対照表を取引の都度書き換えることは非常に面倒である。そこで、貸借対照表の書き換えをしなくても、はじめに期首貸借対照表の個々の勘定科目を取り出し、取引で変化のあった勘定科目（新しく出てきた勘定科目は新たに勘定を作成）に記録し、期末に集合勘定である貸借対照表に集計結果を表示する。この方法は、取引の発生＝貸借対照表の書き換えではないので、複式簿記の計算システム（複式記入）となっている。

　勘定科目の個々の勘定への記録方法であるが、貸借対照表の資産の勘定はその増加は借方、減少は貸方、負債・資本はその増加を貸方、減少を借方に記入する。もともと資産勘定は借方科目なので、残高は必ず借方にでる。負債・資本勘定は貸方科目なので、残高は貸方にでる。次のようなことは起こりえないのである。100しかない現金を120減らすことはできないからである。

|（借方）|現金|（貸方）|
|---|---|---|
|100| |120|

続いて、例2を勘定科目に分解し、集計する方法を示す。

### 期首貸借対照表

| 現金 | 90 | 買掛金 | 50 |
|---|---|---|---|
| 売掛金 | 50 | 借入金 | 250 |
| 商品 | 60 | 資本金 | 100 |
| 建物 | 200 | | |
| | 400 | | 400 |

|  | 現金 |  |  |
|---|---|---|---|
| 期首 | 90 | ＃3 | 80 |
| ＃1 | 60 | ＃5 | 10 |
| ＃4 | 50 | 貸借対照表 | 160 |
| ＃6 | 50 |  |  |
|  | 250 |  | 250 |

|  | 買掛金 |  |  |
|---|---|---|---|
| ＃3 | 30 | 期首 | 50 |
| 貸借対照表 | 20 |  |  |
|  | 50 |  | 50 |

|  | 売掛金 |  |  |
|---|---|---|---|
| 期首 | 50 | ＃4 | 50 |
| ＃2 | 35 | 貸借対照表 | 35 |
|  | 85 |  | 85 |

|  | 借入金 |  |  |
|---|---|---|---|
| ＃3 | 50 | 期首 | 250 |
| 貸借対照表 | 260 | ＃1 | 60 |
|  | 310 |  | 310 |

|  | 商品 |  |  |
|---|---|---|---|
| 期首 | 60 | ＃2 | 20 |
|  |  | ＃6 | 30 |
|  |  | 貸借対照表 | 10 |
|  | 60 |  | 60 |

|  | 資本金 |  |  |
|---|---|---|---|
| ＃5 | 10 | 期首 | 100 |
| 貸借対照表 | 125 | ＃2 | 15 |
|  |  | ＃6 | 20 |
|  | 135 |  | 135 |

|  | 建物 |  |  |
|---|---|---|---|
| 期首 | 200 | 貸借対照表 | 200 |

| 期末貸借対照表 |  |  |  |
|---|---|---|---|
| 現金 | 160 | 買掛金 | 20 |
| 売掛金 | 35 | 借入金 | 260 |
| 商品 | 10 | 資本金 | 100 |
| 建物 | 200 | 利益 | 25 |
|  | 405 |  | 405 |

　#1 の取引は現金勘定の借方に 60、借入金勘定の貸方に 60 が記入されて借方、貸方の記入額は同一金額となる。#2 は売掛金勘定の借方に 35、商品勘定の貸方に 20、資本金勘定の貸方に 15、借方記入額 35、貸方記入額 35 とやはり同一金額となっている。

　取引の発生にもとづいて個別の勘定に記録し、個々の勘定残高は期末に集合勘定

である貸借対照表に振替えて締切る方法を示した。この方法は、貸借対照表を取引の都度書き換える方法と比べて、かなり簡便化されている。複式簿記の計算システムは、その原理を遵守しつつ、より簡便な方法へと発展してきた。

## 2. 損益計算書の成立

　どのようにして利益・損失が生み出されたのか、それを分かりやすく示した財務表が損益計算書である。損益とは、①経営活動のために流出した資産と、②経営活動によって流入した資産との差額である。①＞②であれば損失となり、①＜②であれば利益となる。①の内訳が費用であり、②の内訳が収益である。費用も収益も資産の名目勘定であり、それ自体が財貨、債権・債務を表すものではなく、実在勘定の変動の原因を示すものである。

## 3. 資本金勘定の分化

損益の発生理由を説明する財務表を作成するには、どうすればよいのか。図表3-4のタンクの水を思い出していただきたい。期首と期末のタンクの水の量は、その時点で調べれば分かる。さらに、期末と期首の水の量を比較することによって、その期間にいくら水が増減したかが分かる。では、どのようにして水が増減したのだろうか。それは、その期間に注水口から何度か水を注入し、排水口から何度か水を抜いたからである。いくら水を入れ、いくら水を抜いたか、それを式に表すと「入れた水－抜いた水＝水の増減」ということになる。つまり、水という実体のあるものの増減の理由を示すためには、水を入れたり抜いたりした記録が必要となるのである。この記録に相当するのが損益計算書である。

では、どのように損益に影響する取引を記録すればよいのだろうか。ここで、水に相当するのは資本金勘定である。なぜならば、資本金勘定はその増減の記録そのものだからである。

例2の資本金勘定をみてみる。

|  | 資本金 |  |  |
|---|---|---|---|
| ♯5 | 10 | 期首 | 100 |
| 貸借対照表 | 125 | ♯2 | 15 |
|  |  | ♯6 | 20 |
|  | 135 |  | 135 |

このように、期中における損益（資本金勘定の増減）の記録は、資本金勘定に記録されているのである。さらに、資本金勘定の借方と貸方の金額の前に、資本金がどうして増減したかの説明を付すことで、損益の発生理由を明らかにすることができる。上記の資本金勘定の場合、次のようになる。

|  | 資本金 |  |  |
|---|---|---|---|
| ＃5　給料 | 10 | 期首 | 100 |
| 貸借対照表 | 125 | ＃2　商品販売益 | 15 |
|  |  | ＃6　商品販売益 | 20 |
|  | 135 |  | 135 |

　このように、資本金勘定にその増減の説明を付すことで、損益の発生理由が明らかとなった。しかし、損益の発生理由は利害関係者に開示するものであるから、一目瞭然でなければならない。上記の資本金勘定は、損益の発生理由を一目瞭然に表示しているとはいえず、いくつかの問題点が存在する。

　例3を通して、その問題点を示し、解決方法を示す。例3からは、前期から繰り越された勘定残高を「前期繰越」、次期へ繰り越す勘定残高を「次期繰越」と表示する。また、貸借対照表の勘定科目の配列については、資産は現金化しやすいもの、負債は返済期間が短いものから順に配列する。これを流動性配列法と呼称する。

［例3］
　期首貸借対照表は次のとおりである。

| 期首貸借対照表 |  |  |  |
|---|---|---|---|
| 現金 | 100 | 買掛金 | 50 |
| 売掛金 | 100 | 借入金 | 150 |
| 商品 | 100 | 資本金 | 600 |
| 建物 | 500 |  |  |
|  | 800 |  | 800 |

#1. 銀行に現金50を返済する。
#2. 商品80を掛けで仕入れる。
#3. 商品（原価50）を70で掛売する。
#4. 給料8を支払う。
#5. 商品（原価20）を30で現金販売。
#6. 借入金の利息5を支払う。

#7. 給料 8 を支払う。

#8. 商品 20 を現金で仕入れる。

| 現金 | | | |
|---|---|---|---|
| 前期繰越 | 100 | #1 | 50 |
| #5 | 30 | #4 | 8 |
| | | #6 | 5 |
| | | #7 | 8 |
| | | #8 | 20 |
| | | 次期繰越 | 39 |
| | 130 | | 130 |

| 買掛金 | | | |
|---|---|---|---|
| 次期繰越 | 130 | 前期繰越 | 50 |
| | | #2 | 80 |
| | 130 | | 130 |

| 売掛金 | | | |
|---|---|---|---|
| 前期繰越 | 100 | 次期繰越 | 170 |
| #3 | 70 | | |
| | 170 | | 170 |

| 借入金 | | | |
|---|---|---|---|
| #1 | 50 | 前期繰越 | 150 |
| 次期繰越 | 100 | | |
| | 150 | | 150 |

| 商品 | | | |
|---|---|---|---|
| 前期繰越 | 100 | #3 | 50 |
| #2 | 80 | #5 | 20 |
| #8 | 20 | 次期繰越 | 130 |
| | 200 | | 200 |

| 資本金 | | | | |
|---|---|---|---|---|
| #4 | 給料 | 8 | 前期繰越 | 600 |
| #6 | 支払利息 | 5 | #3 商品販売益 | 20 |
| #7 | 給料 | 8 | #5 商品販売益 | 10 |
| 次期繰越 | | 609 | | |
| | | 630 | | 630 |

| 建物 | | | |
|---|---|---|---|
| 前期繰越 | 500 | 次期繰越 | 500 |

### 期末貸借対照表

| 現金 | 39 | 買掛金 | 130 |
|---|---|---|---|
| 売掛金 | 170 | 借入金 | 100 |
| 商品 | 130 | 資本金 | 609 |
| 建物 | 500 | | |
| | 839 | | 839 |

例3から、次のような問題点が見いだされる。

① 資本金勘定にその増減の説明を付すことで損益明細は分かるが、同じ明細科目が重複して出てくるため、損益明細の集計は自身で計算しなければならない。

② 資本金の増加分の利益9という数字そのものは、期首の資本金と比較して自身で算出しなければならない。

上記の問題に応えられなければ、複式簿記は実社会において浸透しなかっただろう。次に、問題の解決方法について説明する。

　まず、資本金勘定から損益に関する取引記録を独立させた表（資本金勘定の子勘定）である損益計算書を作成する。損益計算書は資本金勘定という実在勘定の増減を説明する名目勘定であるため、損益計算書の残高は期末に資本金勘定へと振替えることとなる。この処理によって「利益の金額」が表示される。

　損益計算書も資本金が変動するたびに書き換えることは面倒であるため、貸借対照表と同様に分化した勘定に記録し、期末に集合勘定である損益計算書へと残高を振替える。この方法によれば、費用、収益の勘定科目が重複して損益計算書に出てくることはなくなる。

　これで上記の問題は解決する。損益計算書の形成過程は理論的には、資本金勘定の分化 → 損益計算書の作成 → 個々の勘定科目の記入、ということになるが、実務では逆の順で会計処理がなされる（図表 4-2）。

理論の流れ

```
              資本金
次期繰越   609 │ 前期繰越   600
               │ 損益         9
           ─────────────────
           609 │           609
```

```
            損益計算書
給料           16 │ 商品販売益  30
支払利息        5 │
資本金（利益）  9 │
           ─────────────────
              30 │           30
```

```
              給料
#4              8 │ 損益        16
#7              8 │
           ─────────────────
               16 │            16

            支払利息
#6              5 │ 損益         5

            商品販売益
損益           30 │ #3          20
                  │ #5          10
           ─────────────────
               30 │            30
```

実務の流れ

**図表 4-2　損益計算書の形成過程における理論と実務の流れ**

　損益計算書は、資本金勘定が分化したもので、借方が費用（資本金の減少）、貸方が収益（資本金の増加）となる。例えば、給料は費用であるため、その発生は給料勘定の借方に記入される。また、損益計算書の残高を資本金に振替える際、その説明として資本金と書いているが、利益と書いても同じ意味となる。厳密には「利益」と書く場合は新たに「利益勘定」を設ける必要がある。損益計算書の配列は費

用、収益ともに本業により関連しているものから順に書く。

　損益計算書と貸借対照表の仕組みについて、給料10を現金で支払った場合を例に考えてみる。給料を支払うと貸借対照表の資産「現金」が10減る。この取引は負債を返済したわけではないので、貸借対照表の資本金が10減ることとなり、資本金勘定の借方に記入される。損益明細を表す計算書が資本金勘定から分化する。すなわち、損益計算書の借方「費用」へと記入される。

　給料は損益計算書の借方科目「給料勘定」としてさらに分化し、給料勘定の借方に記入される。期末になると、給料勘定の残高は損益計算書へと振替えられ、損益計算書の残高は資本金勘定へと振替えられ、さらに資本金勘定の残高は貸借対照表に振替えられ、複式簿記のゴールである貸借対照表と損益計算書が完成することとなる。

# 取引の8要素

　資産、負債、資本、収益、費用の勘定科目の結合関係について説明する。すべての取引は財産上の変化および損益の発生に関して、図表4-3のように2つ以上の取引要素の借方、貸方の結合関係として表される。

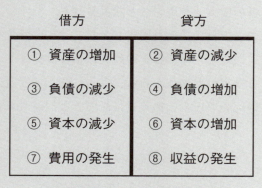

図表4-3　取引の8要素

　①～⑥は貸借対照表に関連した変化であり、⑦⑧は損益計算書に関連した変化である。それぞれの借方、貸方の位置をみると、貸借対照表上の位置にしたがって資産の増加は借方、負債・資本の増加は貸方にきている（それぞれの減少はその反対）。また、費用の発生は借方、収益の発生は貸方というのも損益計算書上の位置と同じである。上記の8項目を取引の8要素という。借方4項目、貸方4項目であるため、基本的に16通りの組み合わせが考えられるが、費用の発生と収益の発生は結びつかないので15通りとなる。

# 第5講 売上原価の算定

## 1. 三分法

　これまで示してきた商品の売買記録法は、商品を仕入れたときにその原価を商品として資産計上し、販売するたびにその原価を減額し、売価との差額を商品販売益として記録する方法であった。これを分記法という。損益計算書には「商品販売益」が収益として計上される。これに対して、三分法（「三分割法」ともいう）では損益計算書に「取得原価がいくらの商品（これを売上原価といい、勘定科目は「仕入」を用いる）」が「いくらで売れたか（勘定科目は「売上」を用いる）」として計上される。両者を例3で比較してみる。

　図表5-1 に、分記法と三分法、それぞれの方法により作成された損益計算書を示す。

```
[分記法]                          [三分法]
      損益計算書                        損益計算書
給料           16 商品販売益   30   仕入          70 売上        100
支払利息        5                   給料          16
資本金（利益）   9                   支払利息       5
              30            30   資本金（利益）   9
                                              100           100
```

　　　　　図表 5-1　損益計算書（分記法、三分法）

　分記法は、一個の商品が高額で少量販売の場合など、商品を個別管理する場合には有効な方法であるが、通常の多種大量の商品の販売形態には不向きな方法である。商品を販売するたびに、その原価を把握することは困難である。では、どうするのか。「三分法」という方法で商品の売買記録を行うのである。この方法は、商品売買を商品勘定、仕入勘定、売上勘定で処理するもので、決して難しくはない

が、分記法との相違をしっかりと理解しておく必要がある。理論的には分記法の方が個別に商品を管理するため、正確な商品原価を算出できるが、それが実務では難しいので三分法を使用するのである。

三分法ではどうやって売上原価（仕入）を算出するのだろうか。期中に仕入れた商品を記録することは可能だし、売上げを記録するのも難しくはない。三分法では、まず前期から繰り越された商品と、当期に仕入れた商品が全部売れた、つまり費用になったと仮定する。すると、売上原価は「売上原価（仕入）＝前期繰越商品＋当期商品仕入高」となる。しかし、通常は売れ残りの商品（在庫）が存在する。では、在庫はどうやって把握するのだろうか。それは実際に調べるのである。この作業を棚卸という。

商品がいくら残っているかを常に把握していないと、販売ができないと思うかも知れない。まさにその通りである。実際は会社の担当部署が常に在庫の有高を補助簿である商品有高帳で管理し、期末に商品の帳簿有高と実際有高が一致するか実地調査しているのである。一致しないときはその原因を究明することとなる。

なお、在庫があった場合の売上原価は「売上原価（仕入）＝前期繰越商品＋当期商品仕入高－期末商品棚卸高」で算出する。この計算は仕入勘定で行われる。

例3の商品売買に係る取引を抜き出し、三分法による会計処理の説明を行う。

［例3（再掲）］
　　#2.　商品80を掛けで仕入れる。
　　#3.　商品（原価50）を70で掛売する。
　　#5.　商品（原価20）を30で現金販売。
　　#8.　商品20を現金で仕入れる。
　　前期繰越商品　　100
　　期末商品棚卸高　130

|  | 仕入 |  |  |
|---|---|---|---|
| ＃2 | 80 | 商品 | 130 |
| ＃8 | 20 | 損益 | 70 |
| 商品 | 100 |  |  |
|  | 200 |  | 200 |

|  | 商品 |  |  |
|---|---|---|---|
| 前期繰越 | 100 | 仕入 | 100 |
| 仕入 | 130 | 次期繰越 | 130 |
|  | 230 |  | 230 |

|  | 売上 |  |  |
|---|---|---|---|
| 損益 | 100 | ＃3 | 70 |
|  |  | ＃5 | 30 |
|  | 100 |  | 100 |

| 損益計算書 |  |  |  |
|---|---|---|---|
| 仕入 | 70 | 売上 | 100 |

| 期末貸借対照表 |  |
|---|---|
| 商品 | 130 |

　期中の商品仕入は、仕入勘定に記録し、期末に前期繰越商品を商品勘定から仕入勘定へと振替えることで、仕入勘定の借方には期中に存在した商品の合計が記録されることとなる。そして、期末の商品棚卸高（在庫）を仕入勘定から商品勘定へと振替えることで、当期の売上原価を算定することができる。

## 2. 商品有高帳

　商品は、仕入時期、仕入れ先の変更などによって同一商品でも仕入値が変動する。期末の商品棚卸高（在庫）をどう評価するかによって売上原価が変わり、それは利益の算定に影響するため、在庫の評価は重要となる。商品有高帳は、商品の受払（仕入・売上）を記録することによって商品の現在有高（単価×数量）を明らかにし、商品管理（在庫の適正化）をするために作成される。つまり、商品有高帳には商品の受払に関するすべての取引が記録されているのである。

## 3. 売上原価の算定方法

商品の評価額は、数量に単価をかけた金額である。したがって、売上原価を算定するためには、まず商品の数量の計算方法および単価の評価方法を理解する必要がある。

商品数量の計算方法には、継続記録法と棚卸計算法の2つの方法がある。それぞれの計算方法の概要を図表5-2に示す。適正な売上原価を算定するためには、両者を併用する必要がある。

**図表5-2 商品数量の計算方法**

| 計算方法 | 内容 | 欠点 |
| --- | --- | --- |
| 継続記録法 | 商品の種類ごとに受入・払出の都度、継続して記録して常に帳簿上で商品数量が確認できる方法 | 記録ミスや盗難、紛失等によって帳簿上と実際の商品数量が一致しない場合がある。 |
| 棚卸計算法 | 実地棚卸法ともいわれ、棚卸により実際に商品数量を確かめる方法 | 帳簿上で商品数量が常に確認できない。 |

代表的な商品単価の評価方法として先入先出法、後入先出法、移動平均法がある。それぞれの評価方法の概要を図表5-3示す。

**図表5-3 商品単価の計算方法**

| 評価方法 | 内容 | メリット | デメリット |
| --- | --- | --- | --- |
| 先入先出法 | 先に仕入れた商品から、先に売れていくと仮定して単価を決める方法 | 商品の実際の動きと一致することが多い。 | 物価変動によって利益が増減する。 |
| 後入先出法 | 後に仕入れた商品から、先に売れていくと仮定して単価を決める方法 | 商品単価が実態に近いものとなる。 | 古い商品がいつまでも残ることがある。 |
| 移動平均法 | 仕入れの都度、商品の平均単価を計算する方法 | 利益が実態に近いものとなる。 | 仕入頻度が多い場合、計算が煩雑になる。 |

例4に、先入先出法、後入先出法、移動平均法による商品有高帳の記入方法を示し、それぞれの評価方法を比較する。

[例4]

4月中の取引

| 日付 | 摘要 | 数量 | 単価 | 金額 |
|---|---|---|---|---|
| 4月 1日 | 前月繰越 | 200個 | 100円 | 20,000円 |
| 4月 5日 | 仕入 | 300個 | 110円 | 33,000円 |
| 4月12日 | 売上 | 350個 | 120円 | 42,000円 |
| 4月17日 | 仕入 | 200個 | 120円 | 24,000円 |
| 4月26日 | 売上 | 100個 | 130円 | 13,000円 |

[先入先出法]

商品有高帳

A商品

| 日付 | | 摘要 | 受入 | | | 払出 | | | 残高 | | |
|---|---|---|---|---|---|---|---|---|---|---|---|
| | | | 数量 | 単価 | 金額 | 数量 | 単価 | 金額 | 数量 | 単価 | 金額 |
| 4 | 1 | 前月繰越 | 200 | 100 | 20,000 | | | | 200 | 100 | 20,000 |
| | 5 | 仕入 | 300 | 110 | 33,000 | | | | 200 | 100 | 20,000 |
| | | | | | | | | | 300 | 110 | 33,000 |
| | 12 | 売上 | | | | 200 | 100 | 20,000 | | | |
| | | | | | | 150 | 110 | 16,500 | 150 | 110 | 16,500 |
| | 17 | 仕入 | 200 | 120 | 24,000 | | | | 150 | 110 | 16,500 |
| | | | | | | | | | 200 | 120 | 24,000 |
| | 26 | 売上 | | | | 100 | 110 | 11,000 | 50 | 110 | 5,500 |
| | | | | | | | | | 200 | 120 | 24,000 |
| | 30 | 次月繰越 | | | | 50 | 110 | 5,500 | | | |
| | | | | | | 200 | 120 | 24,000 | | | |
| | | | 700 | | 77,000 | 700 | | 77,000 | | | |
| 5 | 1 | 前月繰越 | 50 | 110 | 5,500 | | | | 50 | 110 | 5,500 |
| | | | 200 | 120 | 24,000 | | | | 200 | 120 | 24,000 |

[後入先出法]

商品有高帳
A商品

| 日付 | | 摘要 | 受入 | | | 払出 | | | 残高 | | |
|---|---|---|---|---|---|---|---|---|---|---|---|
| | | | 数量 | 単価 | 金額 | 数量 | 単価 | 金額 | 数量 | 単価 | 金額 |
| 4 | 1 | 前月繰越 | 200 | 100 | 20,000 | | | | 200 | 100 | 20,000 |
| | 5 | 仕 入 | 300 | 110 | 33,000 | | | | 200 | 100 | 20,000 |
| | | | | | | | | | 300 | 110 | 33,000 |
| | 12 | 売 上 | | | | 300 | 110 | 33,000 | | | |
| | | | | | | 50 | 100 | 5,000 | 150 | 100 | 15,000 |
| | 17 | 仕 入 | 200 | 120 | 24,000 | | | | 150 | 100 | 15,000 |
| | | | | | | | | | 200 | 120 | 24,000 |
| | 26 | 売 上 | | | | 100 | 120 | 12,000 | 150 | 100 | 15,000 |
| | | | | | | | | | 100 | 120 | 12,000 |
| | 30 | 次月繰越 | | | | 150 | 100 | 15,000 | | | |
| | | | | | | 100 | 120 | 12,000 | | | |
| | | | 700 | | 77,000 | 700 | | 77,000 | | | |
| 5 | 1 | 前月繰越 | 150 | 100 | 15,000 | | | | 150 | 100 | 15,000 |
| | | | 100 | 120 | 12,000 | | | | 100 | 120 | 12,000 |

[移動平均法]

商品有高帳
A商品

| 日付 | | 摘要 | 受入 | | | 払出 | | | 残高 | | |
|---|---|---|---|---|---|---|---|---|---|---|---|
| | | | 数量 | 単価 | 金額 | 数量 | 単価 | 金額 | 数量 | 単価 | 金額 |
| 4 | 1 | 前月繰越 | 200 | 100 | 20,000 | | | | 200 | 100 | 20,000 |
| | 5 | 仕 入 | 300 | 110 | 33,000 | | | | 500 | 106 | 53,000 |
| | 12 | 売 上 | | | | 350 | 106 | 37,100 | 150 | 106 | 15,900 |
| | 17 | 仕 入 | 200 | 120 | 24,000 | | | | 350 | 114 | 39,900 |
| | 26 | 売 上 | | | | 100 | 114 | 11,400 | 250 | 114 | 28,500 |
| | 30 | 次月繰越 | | | | 250 | 114 | 28,500 | | | |
| | | | 700 | | 77,000 | 700 | | 77,000 | | | |
| 5 | 1 | 前月繰越 | 250 | 114 | 28,500 | | | | 250 | 114 | 28,500 |

| 評価方法 | 売上 | 売上原価 | 利益 | 期末商品 |
|---|---|---|---|---|
| 先入先出法 | 55,000 円 | 47,500 円 | 7,500 円 | 29,500 円 |
| 後入先出法 | 55,000 円 | 50,000 円 | 5,000 円 | 27,000 円 |
| 移動平均法 | 55,000 円 | 48,500 円 | 6,500 円 | 28,500 円 |

　期末商品の評価額は、それぞれの評価方法によって異なり、その評価額が大きいほど売上原価は小さくなり、結果として利益が大きくなる。反対に期末商品の評価額が小さければ、利益も小さくなる。

　商品の評価方法は、会社の取引の実態に応じて最も適当な方法を採用することが認められている。しかし、一度採用した方法は自由にいつでも変更することはできない。なぜならば、評価方法を変更することによって利益を操作することができるからである。したがって、原則として一度採用した方法は継続して適用しなければならない。

# 第6講

# 仕訳と試算表

## 1. 仕訳

　取引が発生したときに、それをいちいち勘定へ記録するのは大変な労力を要する。それぞれの勘定は、実際には一冊の帳面となっており、取引が発生するたびにそれぞれの帳面を開き、記入をするのは煩雑であり、間違いも起こりやすい。そこで、取引が発生したら、それを素早く正確に記録する手続きが仕訳というもので、勘定への記録を「言葉と数値で一冊の帳面（仕訳帳）に記入」するのである。また、取引を仕訳帳に記録することで、取引の発生順が一目瞭然となる。仕訳帳から勘定へは定期的にまとめて記入する。この作業を転記という。理論的には仕訳は勘定の下位記録となるが、実務では仕訳が勘定記入に先行する。当然、勘定記入が理解できていなければ仕訳はできない。

　例5に、仕訳帳と勘定への記入例を示す。

［例5］
　#1. 備品20を現金で購入した。
　#2. 商品50を仕入、代金のうち25は現金で支払い、残りは月末払いとした。

仕訳帳

| | 摘要 | 借方 | 貸方 |
|---|---|---|---|
| #1 | （ 備　品 ） | 20 | |
| | 　　　（ 現　金 ） | | 20 |
| #2 | （ 仕　入 ） | 50 | |
| | 　　　（ 現　金 ） | | 25 |
| | 　　　（ 買掛金 ） | | 25 |

|  現金      |        |   |  備品      |        |
|-----------|--------|---|-----------|--------|
| ♯1  20    |        |   | ♯1  20    |        |
| ♯2  25    |        |   |           |        |

|  仕入      |        |   |  買掛金    |        |
|-----------|--------|---|-----------|--------|
| ♯2  50    |        |   |           | ♯2  25 |

## 2. 試算表

　取引は、貸借平均の原理によって勘定に記録される。したがって、ある時点ですべての勘定の借方と貸方の合計を計算すると必ず一致する。試算表は、仕訳帳から勘定への転記に誤りがないかどうかを確認するために定期的に作成する。期末に財務諸表を作成する際は、その準備手続きとして試算表を必ず作成しなければならないが、実務では毎月作成するのが通例となっている。

　試算表には各勘定科目の借方、貸方を合計した合計試算表と、残高を集計した残高試算表がある（図表 6-1）。合計試算表は転記の検証のため、残高試算表はその時点の財政状態と経営成績の概要を把握するために作成する。通常は両者を併せた合計残高試算表を作成する。図表 6-2 に、合計残高試算表の様式を示す。

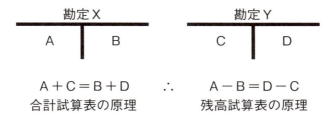

図表 6-1　合計試算表と残高試算表の原理

合計残高試算表
〇年〇月〇日

| 借方 | | 勘定科目 | 貸方 | |
|---|---|---|---|---|
| 残高 | 合計 | | 合計 | 残高 |
| 57 | 130 | 現　　金 | 73 | |
| 35 | 85 | 売　掛　金 | 50 | |
| 30 | 30 | 商　　品 | | |
| 90 | 90 | 建　　物 | | |
| | 40 | 買　掛　金 | 90 | 50 |
| | | 借　入　金 | 20 | 20 |
| | | 資　本　金 | 150 | 150 |
| | | 売　　上 | 85 | 85 |
| 80 | 80 | 仕　　入 | | |
| 10 | 10 | 給　　料 | | |
| 3 | 3 | 支払利息 | | |
| 305 | 468 | | 468 | 305 |

図表 6-2　合計残高試算表の様式

## 3. 決算・決算整理

　期末に財務諸表を作成するために行う一連の手続きを決算という。まず、試算表を作成して期中の勘定記入に誤りがないかどうかを検証する。誤りがないことを確認したら、個々の勘定残高を集計し、貸借対照表と損益計算書を作成する手続きを行うこととなる。

　今日の簿記システムは適正な期間損益計算、すなわち一会計期間の損益計算を適正に行うことを前提に構築されている。したがって、財務諸表を作成する前にいくつかの勘定残高を適正な期間損益計算の観点から修正しなくてはならない。決算において勘定残高を修正することを決算整理と呼び、修正が必要な事項を決算整理事項、決算整理のために行う仕訳を決算整理仕訳という。

　勘定残高の修正は原価配分、費用収益対応の原則と呼称される原理によってなされる。原価配分とは、時の経過につれて価値が減少する固定資産（会社で使用する目的で購入した資産：建物、構築物、備品など）の取得原価をそれが使用される期間に適正に費用配分することである。費用収益対応の原則とは、一会計期間に発生した費用・収益をその会計期間に計上すべき金額へと修正することである。原価配分に際しての金額決定も費用収益対応の原則によることとなる。

## 4. 決算整理事項

### (1) 減価償却

　会社は収益を上げるために固定資産を何年も使用する。そして、それらの固定資産はいずれ故障や陳腐化により使用することができなくなる。使用できなくなった固定資産は収益を上げるために何年も貢献したので、固定資産の取得原価は全額費用となる。

　さて、それでは使用できなくなった固定資産はその会計年度に一括して費用としてしまうのだろうか。それは何かおかしい。固定資産は使用できなくなった年に急に価値が失われたのではなく、何年も使用されている間に徐々に価値が減少したと考えるのが理にかなっている。したがって、固定資産の取得原価をその固定資産が使用できなくなるまでの期間で割って、毎年少しずつ費用化する。これを減価償却という。

　しかし、毎年費用化するといっても、その固定資産が何年使用できるか、はっきりしたことは分からない。そこで、やむなく固定資産の使用可能な年数（耐用年数）を便宜的に定め、実務ではその年数に従って減価償却を行う。

　減価償却の方法には種々の方法があり、代表的なのは定額法と定率法である。定額法と定率法の概要を図表6-3に示す。固定資産600（耐用年数6年）を取得した場合の定額法と定率法による減価償却費と期末帳簿価額の推移を図表6-4に示す。なお、定額法と定率法、いずれの償却方法を採用したとしても、耐用年数が経過したときの償却累計額は同額となる。また、利益操作を防止するため、一度採用した償却方法は原則として変更することができない。

**図表6-3　減価償却の方法**

| 償却方法 | 内容 | 適用例 |
|---|---|---|
| 定額法 | 固定資産の取得原価に対して、毎期、一定額の減価償却費を計上する方法 | 使用頻度が毎期一定であるもの<br>例）建物、構築物など |
| 定率法 | 固定資産の帳簿価額に対して、毎期、一定割合の減価償却費を計上する方法 | 使用初期に価値が大きく減少するもの<br>例）機械、車両 |

**図表6-4　減価償却費と帳簿価額の推移**

例6に、減価償却に係る決算整理の例を示す。

［例6］
　会計期間は1月1日から12月31日である。
　X1年1月1日に機械100（耐用年数10年、定額法）を現金で購入した。
　X1年12月31日、決算日につき上記機械の減価償却を行う。

決算整理仕訳
（借方）減価償却費　10　／　（貸方）機械　10

| 機械 | | | |
|---|---|---|---|
| 現金 | 100 | 減価償却費 | 10 |
|  |  | 次期繰越 | 90 |
|  | 100 |  | 100 |

| 減価償却費 | | | |
|---|---|---|---|
| 機械 | 10 | 損益 | 10 |

| 貸借対照表 | |
|---|---|
| 機械 | 90 |

| 損益計算書 | |
|---|---|
| 減価償却費 | 10 |

### 減価償却の自己金融効果

　減価償却費は、仕入、給料、光熱費、租税公課、宣伝費などの他の費用科目と異なり、実際に資産（現金や商品）が会社から流出しない。機械の一部が消失しているわけでもない。あくまでも会計理論上の費用なのである。ところが、この理論上の費用を計上することにより、その分だけ利益を減らし、配当、税の支出を抑えることができる。つまり、減価償却費の計上分だけ、会社に現金が蓄積することとなるのである。1年の減価償却費が10であれば、10年間で100の現金が会社に溜まっていることとなる。予定通りに機械が10年で使えなくなったとしても、減価償却によって蓄積された100によって、理論上は新しい機械が購入できることとなる。これを減価償却による自己金融効果という。

## (2) 貸倒引当金

　得意先の経営不振や倒産により、売掛金や受取手形などの売上債権の一部もしくは全部が回収できない場合がある。これを貸倒れという。商品販売とその商品販売に対する売上債権の貸倒れが同じ会計期間内に発生した場合は、次のように仕訳を行い、回収不能分をその会計期間の費用とする。

　　　（借方）貸倒損失　×××　／　（貸方）売掛金　×××

　費用は、収益を上げるために犠牲にした資産なのに、売上債権の回収不能分を費用とするのは誤りではないか、と思うかもしれない。しかし、経営活動を行っている以上、このようなことは避けて通れない。したがって、経営活動を行うための必要費用と考えるのである。

　次に当期に発生した売上債権が次期以降に貸倒れとなった場合を考える。損益計算書に計上される費用と収益には、費用収益対応の原則が適用されるため、その会計期間に計上される費用と収益には何らかの対応関係がなければならない。当期に発生した売上債権が次期以降に回収不能となる場合に、その回収不能額を次期以降の費用とすれば、損益計算書に計上される費用と収益がまったく対応していないこととなる。

　そこで、この対応関係を保守するために、あらかじめ次期以降の売上債権の回収不能額を過去の経験から予測し、売上債権の発生した会計期間の費用として計上するのである。しかし、実際にはそれらの売上債権は回収不能となっていないため、売上債権を直接減額することは虚偽の報告をすることとなる。そこで、売上債権を直接減額するのではなく、計算擬制（会計理論上の）負債である貸倒引当金を設定し、相対的に利益を減額するという処理をする。

　もちろん見込んだ金額通りに貸倒れが発生することはなく、会計理論と会計実践との苦肉の策である。つまり「次期以降の貸倒れに備えて、当期にこれだけの費用を計上している」という意味の会計処理をするのである。そこで、その見込額を貸倒引当金繰入として費用計上するとともに、貸借対照表に計算擬制負債である貸倒引当金を計上し、相対的に利益を減額する。損益計算書に計上された貸倒引当金繰入は、実際には何の資産の費消もない費用であるが、これを計上することにより利

益が減少する。つまり、その利益部分が内部留保されるのである。

次期以降に実際に貸倒れが発生した場合、計算擬制負債である貸倒引当金と売上債権を相殺し、実質的に資産を減少させる。次の仕訳は貸倒引当金に関する仕訳の例である。

　　　［仕訳1］決算日につき、売掛金残高500に対して2％の貸倒引当金を設定する。
　　　　　　　（借方）貸倒引当金繰入　10　／　（貸方）貸倒引当金　10
　　　［仕訳2］前期に発生した売掛金5が貸倒れた。
　　　　　　　（借方）貸倒引当金　5　／　（貸方）売掛金　5

貸倒引当金の設定額を超えて貸倒れが発生した場合、正確な期間損益計算の観点からは正当性を欠くが、その不足額は「貸倒損失」を用いて当期の費用として計上することとなる。

### (3) 経過勘定

適正な期間損益計算における費用と収益は、その会計期間に「支払った費用ではなく、支払うべき費用」と、「受け取った収益ではなく、受け取るべき収益」である。これは収益・費用を貫く重要な考え方なので、しっかりと理解しておく必要がある。経過勘定が端的にその考えを表している。経過勘定には繰り延べと見越しがあるが、言葉自体にとらわれることはない。経過勘定は計算擬制資産・負債である。

## 繰り延べ

　A社もB社も会計期間は1月1日から12月31である。A社は業務拡大のため新しい店舗が必要となり、11月1日にB社保有の空き店舗を1カ月10で借りることとした。なお、家賃は半年分を前払いした。11月1日のA社、B社の仕訳は次のようになる。

　　　［A社］（借方）支払家賃　60　／（貸方）現金　　　60
　　　［B社］（借方）現金　　　60　／（貸方）受取家賃　60

　さて、決算日（12月31日）となった。今、A社の支払家賃勘定の残高は60である。B社の受取家賃勘定の残高も60である。しかし、本来であればこの会計期間に計上すべき金額は、11月と12月の2カ月分だけである。つまり、A社の支払家賃は20、B社の受取家賃は20と計上されなくてはならない。
　A社の支払家賃を40減らすためには、次の仕訳が必要となる。

　　　［A社］（借方）□□□　40　／（貸方）支払家賃　40

　問題は□□□である。一度支払った現金を返してもらうわけにはいかない。この処理は適正な期間損益を算定するための処理なので、現金で返してもらわなくても計算擬制資産を便宜上作り、貸借対照表に計上することで期間損益を増減させることができる。その計算擬制資産が前払費用であり、この費用部分には該当する費用勘定の名称が入る。この場合だと「前払家賃」ということになる。よって、□□□には「前払家賃」が入る。
　決算日におけるA社の勘定および財務諸表は次のようになる。

[A社]

|支払家賃| | | | | |
|---|---|---|---|---|---|
|11/1|現金|60|12/31|前払家賃|40|
| | | |12/31|損益|20|
| | |60| | |60|

|前払家賃| | | | | |
|---|---|---|---|---|---|
|12/31|支払家賃|40|12/31|次期繰越|40|

|損益計算書| |
|---|---|
|支払家賃　20| |

|貸借対照表| |
|---|---|
|前払家賃　40| |

一方、B社の受取家賃を40減らすためには、次の仕訳が必要となる。

[B社]（借方）受取家賃　40　／　（貸方）△△△　40

問題は△△△である。一度受け取った現金を決算の都合で返すことはあり得ない。そこで、計算擬制負債を便宜上作り、貸借対照表に計上することで期間損益を増減させる。その計算擬制負債が前受収益であり、この収益部分には該当する収益勘定の名称が入る。この場合だと「前受家賃」ということになる。よって、△△△には「前受家賃」が入る。

決算日におけるB社の勘定および財務諸表は次のようになる。

[B社]

|受取家賃| | | | | |
|---|---|---|---|---|---|
|12/31|前受家賃|40|11/1|現金|60|
|12/31|損益|20| | | |
| | |60| | |60|

|前受家賃| | | | | |
|---|---|---|---|---|---|
|12/31|次期繰越|40|12/31|受取家賃|40|

|損益計算書| |
|---|---|
| |受取家賃　20|

|貸借対照表| |
|---|---|
| |前受家賃　40|

## 見越し

　A社もB社も会計期間は1月1日から12月31である。11月1日にA社はB社保有の空き店舗を1カ月10で借りることとした。なお、家賃は毎月後払いするが、11月分については前払いした。11月1日のA社、B社の仕訳は次のようになる。

　　［A社］（借方）支払家賃　10　／　（貸方）現金　　　10
　　［B社］（借方）現金　　　10　／　（貸方）受取家賃　10

　さて、決算日（12月31日）となった。今、A社の支払家賃勘定の残高は10である。B社の受取家賃勘定の残高も10である。しかし、本来であればこの会計期間に計上すべき金額は、11月と12月の2カ月分である。つまり、A社の支払家賃は20、B社の受取家賃は20と計上されなくてはならない。
　A社の支払家賃を10増やすためには、次の仕訳が必要となる。

　　［A社］（借方）支払家賃　10　／　（貸方）□□□　10

　問題は□□□である。家賃をまだ支払っていないにもかかわらず、現金を減らすことはできない。そこで、計算擬制負債を便宜上作り、貸借対照表に計上することで期間損益を増減させる。その計算擬制負債が未払費用であり、この費用部分には該当する費用勘定の名称が入る。この場合だと「未払家賃」ということになる。よって、□□□には「未払家賃」が入る。
　決算日におけるA社の勘定および財務諸表は次のようになる。

[A社]

```
         支払家賃                              未払家賃
11/1   現金      10 | 12/31  損益   20    12/31 次期繰越 10 | 12/31 支払家賃 10
12/31  未払家賃  10 |
              20 |            20
```

```
         損益計算書                          貸借対照表
支払家賃        20 |                                   | 未払家賃     10
```

一方、B社の受取家賃を10増やすためには、次の仕訳が必要となる。

　　［B社］（借方）△△△　10　／　（貸方）受取家賃　10

　問題は△△△である。家賃をまだ受け取っていないにもかかわらず、現金を増やすことはできない。そこで、計算擬制資産を便宜上作り、貸借対照表に計上することで期間損益を増減させる。その計算擬制資産が未収収益であり、この収益部分には該当する収益勘定の名称が入る。この場合だと「未収家賃」ということになる。よって、△△△には「未収家賃」が入る。
　決算日におけるB社の勘定および財務諸表は次のようになる。

［B社］

```
         受取家賃                              未収家賃
12/31 損益  20 | 11/1  現金      10   12/31 受取家賃 10 | 12/31 次期繰越 10
               | 12/31 未収家賃  10
           20 |            20
```

```
         損益計算書                          貸借対照表
              | 受取家賃     20         未収家賃   10 |
```

# 精算表と総合問題

## 1. 精算表

精算表とは、残高試算表に決算整理(修正)仕訳を加え、その後、各勘定科目を損益計算書と貸借対照表に振り分ける過程を一覧にした表である。精算表にはいくつかの種類があるが、8桁精算表(図表7-1)がよく使用されている。精算表を作成することで、決算における一連の手続きを一覧することができ、決算の概観を把握することが可能となる。

精算表

| 勘定科目 | 残高試算表 | | 修正記入 | | 損益計算書 | | 貸借対照表 | |
|---|---|---|---|---|---|---|---|---|
| | 借方 | 貸方 | 借方 | 貸方 | 借方 | 貸方 | 借方 | 貸方 |
| | | | | | | | | |
| | | | | | | | | |
| | | | | | | | | |
| | | | | | | | | |

図表7-1　8桁精算表の様式

## 2. 総合問題

次の2つの総合問題は、これまで述べてきたことの集大成である。総合問題を解くことで簿記理論の骨子をしっかりと理解していただきたい。

【総合問題1】
以下の記録から、勘定記入および期末の貸借対照表と損益計算書を作成しなさい。

Ⅰ. 期首の貸借対照表は次のとおりである。

貸借対照表

| 現　金 | 50 | 買掛金 | 30 |
|---|---|---|---|
| 売掛金 | 30 | 借入金 | 20 |
| 商　品 | 30 | 資本金 | 150 |
| 建　物 | 90 | | |
| | 200 | | 200 |

Ⅱ. 期中取引
1. 商品60を掛けで仕入れた。
2. 商品を55で販売し、代金は掛けとした。
3. 商品20を現金で仕入れた。
4. 売掛金50を現金で回収した。
5. 商品を30で販売し、代金は現金で受け取った。
6. 買掛金40を現金で返済した。
7. 借入金の利息3を現金で支払った。
8. 給料10を現金で支払った。

Ⅲ．決算整理事項

期末商品棚卸高は 55 であった。

※資本金勘定は損益計算書を作成してから締切る。

※期末の貸借対照表は資本金と利益を分けて表示する。

[解答用紙]

| 現金 | | | | 買掛金 | | |
|---|---|---|---|---|---|---|
| 前期繰越 | 50 | | | | 前期繰越 | 30 |

| 売掛金 | | | | 借入金 | | |
|---|---|---|---|---|---|---|
| 前期繰越 | 30 | | | | 前期繰越 | 20 |

| 商品 | | | | 資本金 | | |
|---|---|---|---|---|---|---|
| 前期繰越 | 30 | | | | 前期繰越 | 150 |

| 建物 | |
|---|---|
| 前期繰越 | 90 |

| 仕入 | 売上 |
|---|---|
| | |

| 給料 |
|---|
| |

| 支払利息 |
|---|
| |

貸借対照表

| 現　金 | | 買　掛　金 | |
|---|---|---|---|
| 売　掛　金 | | 借　入　金 | |
| 商　　品 | | 資　本　金 | |
| 建　　物 | | 利　　益 | |

損益計算書

| 仕　　入 | | 売　　上 | |
|---|---|---|---|
| 給　　料 | | | |
| 支　払　利　息 | | | |
| 資本金(利益) | | | |

[解答]

| 現金 | | | |
|---|---|---|---|
| 前期繰越 | 50 | 仕　　入 | 20 |
| 売 掛 金 | 50 | 買 掛 金 | 40 |
| 売　　上 | 30 | 支払利息 | 3 |
| | | 給　　料 | 10 |
| | | 次期繰越 | 57 |
| | 130 | | 130 |

| 買掛金 | | | |
|---|---|---|---|
| 現　　金 | 40 | 前期繰越 | 30 |
| 次期繰越 | 50 | 仕　　入 | 60 |
| | 90 | | 90 |

| 売掛金 | | | |
|---|---|---|---|
| 前期繰越 | 30 | 現　　金 | 50 |
| 売　　上 | 55 | 次期繰越 | 35 |
| | 85 | | 85 |

| 借入金 | | | |
|---|---|---|---|
| 次期繰越 | 20 | 前期繰越 | 20 |

| 商品 | | | |
|---|---|---|---|
| 前期繰越 | 30 | 仕　　入 | 30 |
| 仕　　入 | 55 | 次期繰越 | 55 |
| | 85 | | 85 |

| 資本金 | | | |
|---|---|---|---|
| 次期繰越 | 167 | 前期繰越 | 150 |
| | | 損　　益 | 17 |
| | 167 | | 167 |

| 建物 | | | |
|---|---|---|---|
| 前期繰越 | 90 | 次期繰越 | 90 |

| 仕入 | | | |
|---|---|---|---|
| 買 掛 金 | 60 | 商　　品 | 55 |
| 現　　金 | 20 | 損　　益 | 55 |
| 商　　品 | 30 | | |
| | 110 | | 110 |

| 売上 | | | |
|---|---|---|---|
| 損　　益 | 85 | 売 掛 金 | 55 |
| | | 現　　金 | 30 |
| | 85 | | 85 |

| 給料 | | | |
|---|---|---|---|
| 現　　金 | 10 | 損　　益 | 10 |

| 支払利息 | | | |
|---|---|---|---|
| 現　　金 | 3 | 損　　益 | 3 |

| 貸借対照表 | | | |
|---|---|---|---|
| 現　　金 | 57 | 買 掛 金 | 50 |
| 売 掛 金 | 35 | 借 入 金 | 20 |
| 商　　品 | 55 | 資 本 金 | 150 |
| 建　　物 | 90 | 利　　益 | 17 |
| | 237 | | 237 |

| 損益計算書 | | | |
|---|---|---|---|
| 仕　　入 | 55 | 売　　上 | 85 |
| 給　　料 | 10 | | |
| 支払利息 | 3 | | |
| 資本金（利益） | 17 | | |
| | 85 | | 85 |

【総合問題2】
　以下の決算整理事項をもとに、精算表を完成させなさい。

Ⅰ．決算整理事項
　1．期末商品棚卸高は700であった。
　2．売掛金の期末残高に対して、2％の貸倒引当金を設定する。
　3．建物について、定額法（耐用年数40年、残存価額0）で減価償却を行う。
　4．保険料のうち、400を前払保険料に振り替える。

［解答用紙］

精算表

| 勘定科目 | 残高試算表 | | 修正記入 | | 損益計算書 | | 貸借対照表 | |
|---|---|---|---|---|---|---|---|---|
| | 借方 | 貸方 | 借方 | 貸方 | 借方 | 貸方 | 借方 | 貸方 |
| 現　　　　金 | 2,800 | | | | | | | |
| 売　掛　金 | 3,000 | | | | | | | |
| 繰　越　商　品 | 500 | | | | | | | |
| 建　　　　物 | 12,000 | | | | | | | |
| 買　掛　金 | | 2,000 | | | | | | |
| 貸 倒 引 当 金 | | 40 | | | | | | |
| 減価償却累計額 | | 300 | | | | | | |
| 資　本　金 | | 12,000 | | | | | | |
| 繰越利益剰余金 | | 3,060 | | | | | | |
| 売　　　　上 | | 7,000 | | | | | | |
| 仕　　　　入 | 4,500 | | | | | | | |
| 保　険　料 | 1,600 | | | | | | | |
| | 24,400 | 24,400 | | | | | | |
| 貸倒引当金繰入 | | | | | | | | |
| 減 価 償 却 費 | | | | | | | | |
| 前 払 保 険 料 | | | | | | | | |
| 当 期 純 利 益 | | | | | | | | |

[解答]

精算表

| 勘定科目 | 残高試算表 借方 | 残高試算表 貸方 | 修正記入 借方 | 修正記入 貸方 | 損益計算書 借方 | 損益計算書 貸方 | 貸借対照表 借方 | 貸借対照表 貸方 |
|---|---|---|---|---|---|---|---|---|
| 現　　　　金 | 2,800 | | | | | | 2,800 | |
| 売　掛　金 | 3,000 | | | | | | 3,000 | |
| 繰 越 商 品 | 500 | | 700 | 500 | | | 700 | |
| 建　　　　物 | 12,000 | | | | | | 12,000 | |
| 買　掛　金 | | 2,000 | | | | | | 2,000 |
| 貸 倒 引 当 金 | | 40 | | 20 | | | | 60 |
| 減価償却累計額 | | 300 | | 300 | | | | 600 |
| 資　本　金 | | 12,000 | | | | | | 12,000 |
| 繰越利益剰余金 | | 3,060 | | | | | | 3,060 |
| 売　　　　上 | | 7,000 | | | | 7,000 | | |
| 仕　　　　入 | 4,500 | | 500 | 700 | 4,300 | | | |
| 保　険　料 | 1,600 | | | 400 | 1,200 | | | |
| | 24,400 | 24,400 | | | | | | |
| 貸倒引当金繰入 | | | 20 | | 20 | | | |
| 減 価 償 却 費 | | | 300 | | 300 | | | |
| 前 払 保 険 料 | | | 400 | | | | 400 | |
| 当 期 純 利 益 | | | | | 1,180 | | | 1,180 |
| | | | 1,920 | 1,920 | 7,000 | 7,000 | 18,900 | 18,900 |

# キャッシュ・フロー計算書

　キャッシュ・フロー計算書（C/F：Statement of cash flows）とは、一会計期間の現金の増減理由を示す表のことである。従来は、財務諸表といえば貸借対照表と損益計算書を意味していた。しかし、2000年より大規模会社（上場会社）にはキャッシュ・フロー計算書の作成が義務づけられ、現在はキャッシュ・フロー計算書を作成する会社が多くなってきている。

　なぜ、このような表が必要とされるに至ったのだろう。その根底には、会社の経営成績を表す損益計算書によって表示される「利益」への不信感がある。つまり、今日の簿記が立脚している発生主義による期間損益計算によって算出される利益は、現金の裏付けがないため、その会社が利益をだしているからといって配当を期待して投資したり、銀行が融資したり、掛けで商品を販売したとしても、配当されなかったり、現金が回収できるとは限らないのである。簡潔な例をあげ、利益と現金の関係について説明する。

　仮に会計期間が1カ月（月初めから月末）だったとする。4月1日に、現金100の出資を受けて会社を設立した。10日に、現金100で商品を仕入れた。15日に、銀行より1カ月後に返済する約定で現金50を借入れ、備品50を現金で購入した。20日に、商品全部を200で販売し、代金は翌月末に受取ることとした。30日（決算日）における貸借対照表と損益計算書は次のようになる。

| 貸借対照表 X1年4月30日 | | | | 損益計算書 X1年4月1日～X1年4月30日 | | | |
|---|---|---|---|---|---|---|---|
| 売掛金 | 200 | 借入金 | 50 | 仕入 | 100 | 売上 | 200 |
| 備品 | 50 | 資本金 | 100 | 利益 | 100 | | |
| | | 利益 | 100 | | 200 | | 200 |
| | 250 | | 250 | | | | |

　さて、この会社は倒産する心配のない安全な会社だろうか。実はかなり危ない会

社である。たしかに利益はでている。利益がでたら税金を払わねばならないし、配当金も支払わねばならない。しかも借入金の返済期限が翌月である。ところが、この会社には現金がない。利益がでているのに、さらに借金をして支払いに充当する現金を工面しなければならない。このような状態を「勘定合って銭足らず」といい、現金が工面できなければ経営は立ち行かなくなり倒産に至る。黒字なのに倒産することを黒字倒産という。上記の例はあまりに単純だが、実際の会社においても、このようなことが起こり得るのである。

　つまり、発生主義会計による会計思考は、期間損益の計算にはきわめて合理的であるが、現金の増減理由の情報開示という点に関しては十分とはいい難いのである。会社の利害関係者にとって会社の支払能力、すなわち現金創出能力に関する情報は、会社の安全性を推し量る重要な事項である。そのための情報を開示するために作成する表がキャッシュ・フロー計算書である。

　キャッシュ・フロー計算書は、期間損益を現金によって裏付けるものである。その作成原理は貸借対照表等式を展開させることによって導出され、表示法には直接法と間接法とがある。キャッシュ・フロー計算書の作成に関しては、基本的な簿記理論のたしかな理解が必要である。しかし、これまで説明してきた理論を踏まえれば、その計算構造を理解することは難しくはない。

## 1. キャッシュ・フロー計算書の作成原理

　キャッシュ・フロー計算書は、日々の取引記録から作成することも可能ではあるが、通常は期首と期末の貸借対照表と、損益計算書から作成される。キャッシュ・フロー計算書は、現金の増減を「現金以外の資産、負債、資本、費用、収益」の変動に注目し、現金の源泉と使途として示す。その作成原理を貸借対照表等式の展開を通して示す。

［キャッシュ・フロー計算書の作成原理］

　資産＝負債＋資本
　（資産の増加－資産の減少）＝（負債の増加－負債の減少）＋（資本の増加－資本の減少）

　（現金の増加－現金の減少）＋（現金以外の資産の増加－現金以外の資産の減少）
　＝（負債の増加－負債の減少）＋（資本の増加－資本の減少）

　現金の増加－現金の減少
　＝①（現金以外の資産の減少＋負債の増加＋資本の増加）－②（現金以外の資産の増加＋負債の減少＋資本の減少）
　　※ ①が現金の源泉、②が現金の使途を示す。
　　※ 資本の増加は「収益」、資本の減少は「費用」を示す。

　現金の増加－現金の減少
　＝（現金以外の資産の減少＋負債の増加）－（現金以外の資産の増加＋負債の減少）＋（収益－費用）

　現金の増加－現金の減少
　＝（現金以外の資産の減少＋負債の増加）－（現金以外の資産の増加＋負債の減少）＋利益

　キャッシュ・フロー計算書では、上記式の右辺をさらに営業活動によるキャッ

シュ・フロー、投資活動によるキャッシュ・フロー、財務活動によるキャッシュ・フローに区分して表示する。ここで営業活動とは損益計算書取引、投資活動とは固定資産取引、財務活動とは借入金取引などを意味する。

さて、キャッシュ・フロー計算書を作成するためには、上記式を再分類する必要がある。非現金取引を含んでいる収益・費用および資産・負債に修正を加えるのである。式の右辺の科目間での修正であり、これによって右辺の総額が変わることはない。

例えば、売掛金が100増加し、売上が200発生したとする。式から、キャッシュ・フロー＝現金以外の資産（売掛金）の増加△100＋収益（売上）200＝100となる。つまり、売掛金が100増加しているため、現金での売上は100となる。したがって、営業活動によるキャッシュ・フローの区分には「売上収入100」と表示されることとなる。

また、減価償却、貸倒引当金、経過勘定などの計算擬制資産・負債の修正も必要となる。このように、キャッシュ・フロー計算書の作成にあたっては、基本的な簿記の知識が必要となる。キャッシュ・フロー計算書の作成原理はシンプルであるにもかかわらず、実際の作成は難しいとされる所以である。

費用・収益科目のうち、費用・収益に計上されてはいるが、収支の伴わない科目を現金の収支に修正する方式を直接法（収支方式）という。

利益は「収益－費用」として算出される。その利益に、収益科目と収益収入との差額、費用科目と費用支出との差額を加減修正することで、利益がどの程度、現金に裏付けられたものであるかを示すことができる。この利益の修正過程を示す方式を間接法（利益修正方式）という。

キャッシュ・フロー計算書の表示形式は、営業活動、投資活動、財務活動の3つの区分からのキャッシュ・フローの合計額を期首の現金有高に加減し、期末の現金有高を表示する構造となっている。先の例の貸借対照表と損益計算書をもとにキャッシュ・フロー計算書を作成すると次のようになる。

```
           貸借対照表
           X1年4月1日
  現金      100  資本金     100
```

```
           貸借対照表                              損益計算書
           X1年4月30日                          X1年4月1日 ～ X1年4月30日
  売掛金    200  借入金      50            仕入    100  売上    200
  備品       50  資本金     100            利益    100
                 利益       100                    200          200
            250            250
```

キャッシュ・フロー計算書（直接法）　　　　　　　キャッシュ・フロー計算書（間接法）

```
  Ⅰ  営業活動によるキャッシュ・フロー          Ⅰ  営業活動によるキャッシュ・フロー
      売上収入              0                    利益                100
      仕入支出           △100                    売掛金増減額       △200
       小計              △100                     小計              △100

  Ⅱ  投資活動によるキャッシュ・フロー          Ⅱ  投資活動によるキャッシュ・フロー
      備品取得            △50                    備品取得            △50

  Ⅲ  財務活動によるキャッシュ・フロー          Ⅲ  財務活動によるキャッシュ・フロー
      借入金収入            50                    借入金収入            50

  Ⅳ  現金増減額           △100                Ⅳ  現金増減額           △100
  Ⅴ  現金期首残高          100                Ⅴ  現金期首残高          100
  Ⅵ  現金期末残高            0                Ⅵ  現金期末残高            0
```

## 2. キャッシュ・フロー計算書の作成

ここでは、減価償却や経過勘定などの計算擬制資産・負債、当期現金仕入高の算出の処理を取り入れたキャッシュ・フロー計算書の作成例を示す。キャッシュ・フロー計算書の個々の項目の考え方についての説明を通して、キャッシュ・フロー計算書の作成方法を理解していただきたい。

期首と期末の貸借対照表と損益計算書は次のとおりである。

貸借対照表
X1年4月1日

| 現金 | 150 | 買掛金 | 50 |
|---|---|---|---|
| 売掛金 | 100 | 借入金 | 150 |
| 商品 | 150 | 資本金 | 1,800 |
| 建物 | 1,600 | | |
| | 2,000 | | 2,000 |

貸借対照表
X2年3月31日

| 現金 | 100 | 買掛金 | 150 |
|---|---|---|---|
| 売掛金 | 250 | 借入金 | 270 |
| 商品 | 190 | 資本金 | 1,800 |
| 前払家賃 | 10 | 利益 | 80 |
| 建物 | 1,750 | | |
| | 2,300 | | 2,300 |

損益計算書
X1年4月1日 ～ X2年3月31日

| 仕入 | 500 | 売上 | 1,000 |
|---|---|---|---|
| 給料 | 200 | | |
| 支払家賃 | 20 | | |
| 減価償却費 | 200 | | |
| 利益 | 80 | | |
| | 1,000 | | 1,000 |

期首と期末の貸借対照表を比較すると、現金が50減少している。その現金50が減少した原因を営業活動、投資活動、財務活動の3つのキャッシュ・フローの区分から明らかにしようとする計算書がキャッシュ・フロー計算書である。

上記の損益計算書の売上は1,000である。貸借対照表から、売上は現金と売掛金の2通りの方法で行われていると推察できる。期首の売掛金100は現金で回収し、期末の売掛金は回収できていないと考えると、売上に関連した現金収入を求めることができる。したがって、売上に関連した現金収入は次のように計算される。

［売上に関連した現金収入］
（売上）1,000 ＋（期首売掛金）100 －（期末売掛金）250 ＝ 850

次に、仕入に関連した現金支出を求める。まず、仕入500が計算された式から逆算して当期仕入高を求める。

［計算式：期首商品＋当期仕入高－期末商品＝仕入］
150 ＋ X － 190 ＝ 500　　∴　　X ＝ 500 ＋ 190 － 150 ＝ 540

貸借対照表から、仕入は現金と買掛金の2通りの方法で行われていると推察できる。買掛金をみると、期首50であったものが期末150となっている。この増加分は現金で仕入れなかった部分である。したがって、仕入に関連した現金支出は次のように計算される。

［仕入に関連した現金支出］
（当期仕入高）540 ＋（期首買掛金）50 －（期末買掛金）150 ＝ 440

その他の項目については以下のとおりである。
① 支払家賃20となっているが、前払家賃10が発生していることから、実際の支払は30である。
② 期首の建物1,600から減価償却費200を減額すると、期末の建物1,400となるはずである。しかし、実際は期末の建物は1,750である。つまり、建物350をあらたに購入したと推察できる。
③ 期首と期末の借入金を比較すると120増加している。つまり、現金が120増加したと推察できる。

以上のことから、次のようなキャッシュ・フロー計算書（直接法）が作成される。なお、間接法によるキャッシュ・フロー計算書も併せて示す。

| キャッシュ・フロー計算書（直接法） | |
|---|---|
| I　営業活動によるキャッシュ・フロー | |
| 　　売上収入 | 850 |
| 　　仕入支出 | △440 |
| 　　給料支出 | △200 |
| 　　家賃支出 | △30 |
| 　　小計 | 180 |
| II　投資活動によるキャッシュ・フロー | |
| 　　建物取得 | △350 |
| III　財務活動によるキャッシュ・フロー | |
| 　　借入金収入 | 120 |
| IV　現金増減額 | △50 |
| V　現金期首残高 | 150 |
| VI　現金期末残高 | 100 |

| キャッシュ・フロー計算書（間接法） | |
|---|---|
| I　営業活動によるキャッシュ・フロー | |
| 　　利益 | 80 |
| 　　減価償却費 | 200 |
| 　　売掛金増加額 | △150 |
| 　　商品増加額 | △40 |
| 　　前払家賃増加額 | △10 |
| 　　買掛金増加額 | 100 |
| 　　小計 | 180 |
| II　投資活動によるキャッシュ・フロー | |
| 　　建物取得 | △350 |
| III　財務活動によるキャッシュ・フロー | |
| 　　借入金収入 | 120 |
| IV　現金増減額 | △50 |
| V　現金期首残高 | 150 |
| VI　現金期末残高 | 100 |

　会社は直接法と間接法、どちらの方法でキャッシュ・フロー計算書を作成してもよいこととなっている。間接法では、なぜ利益と現金の増減が相違しているのか、その理由を明らかにすることができるが、簿記を学んだことのない人には分かり難い。一方、直接法は現金売上高が「売上収入」として示されるなど、分かりやすい表示となっているが、なぜ利益と現金の増減が相違しているのかを把握することはできない。

# おわりに

　複式簿記が誕生した時代には、パソコンのような便利なツールは当然ながら存在していなかった。つまり、仕訳帳や総勘定元帳などの各種会計帳簿は、会計担当者がすべて手書きで作成していたのである。当時の会計処理は、重複記帳や転記ミスといったヒューマンエラーが発生する可能性が高く、会計担当者には複式簿記の知識が必要不可欠であった。

　しかし、現代ではパソコンの普及により、会計専用のソフトを使用して各種会計帳簿を作成するようになった。会計ソフトにはさまざまな便利な機能が搭載されており、複式簿記の知識がない会計担当者であっても、領収証などの記載内容（日付や金額など）を手入力するだけで、仕訳帳や総勘定元帳はもちろん、貸借対照表や損益計算書などの財務諸表まで作成することができる。つまり、会計ソフトを使用することで、これまで人力で行っていた転記や集計の作業を自動化することができる。ただし、会計ソフトは会計担当者が手入力した内容にもとづいて財務諸表を自動作成しているにすぎず、その財務諸表の記載内容が正しいか否かの判定は行うことができない点に注意する必要がある。

　最近は、領収証などのスキャンデータやインターネットバンキングの取引データを利用して、自動的に仕訳入力を行う機能が搭載された会計ソフトもあり、ますます複式簿記の知識がなくても会計処理が行えるようになっている。しかし、会計ソフトがどれだけ進化しても、会計処理に誤りがあるか否かを確認するためには、複式簿記の知識が必要不可欠である。

　複式簿記によって運ばれる会計数値は、組織の意思決定の基礎資料となる。本書を通して、複式簿記の理論的枠組みを理解していただくとともに、その理論の面白さを知っていただければと願っている。

## 執筆者紹介

須藤　芳正（すとう　よしまさ）
　　川崎医療福祉大学　医療福祉マネジメント学部　教授
　　担当　第1～8講

太田　佑馬（おおた　ゆうま）
　　ウェルメディ経営研究所　代表
　　認定登録 医業経営コンサルタント
　　担当　第1～8講

小林　里美（こばやし　さとみ）
　　経営士
　　担当　第5・6講

濱田　明（はまだ　あきら）
　　ファイナンシャル・プランナー（AFP）
　　担当　第7講

■監修者紹介

須藤　芳正（すとう・よしまさ）

1957年生まれ
松山商科大学経営学研究科修士課程修了
愛媛大学連合農学博士課程生物資源生産学専攻満期退学
ボン大学経営経済研究所客員研究員
現在　川崎医療福祉大学医療福祉マネジメント学部教授

■編著者紹介

太田　佑馬（おおた・ゆうま）

医療法人、税理士法人勤務を経て独立
ウェルメディ経営研究所　代表
認定登録 医業経営コンサルタント

## 教養としての簿記
### ― ゼロから学ぶ簿記理論 ―

2019年12月15日　初版第1刷発行

■監　修　者──須藤芳正
■編　著　者──太田佑馬
■発　行　者──佐藤　守
■発　行　所──株式会社 大学教育出版
　　　　　　　〒700-0953　岡山市南区西市855-4
　　　　　　　電話(086)244-1268㈹　FAX(086)246-0294
■印刷製本──モリモト印刷㈱
■ＤＴＰ──林　雅子

© 2019, Printed in Japan
検印省略　　落丁・乱丁本はお取り替えいたします。
本書のコピー・スキャン・デジタル化等の無断複製は著作権法上での例外を除き禁じられています。本書を代行業者等の第三者に依頼してスキャンやデジタル化することは、たとえ個人や家庭内での利用でも著作権法違反です。

ISBN978-4-86692-047-4